ちくま文庫

英語に強くなる本

教室では学べない秘法の公開

岩田一男

筑摩書房

英語に強くなる本

—教室では学べない秘法の公開—

岩田一男

本書は一九六一年（一九六五年に改訂新版）に刊行されました。時代の変化にともない、現在ではあまり使われないような語句や表現、また外国への渡航状況などがありますが、作品の時代的背景をかんがみ刊行時のままであることをご了承ください。

まえがき

トイレにはいっていて、外からノックされたとします。「はいっています」――これを英語で何というでしょうか。この質問を三十人ほどの人にしてみました。社長さん、お役人、ジャーナリスト、主婦、学生。しかし、正しく答えられた人は、一人もいませんでした（答えは本文十九ページ）。とにかく、長い間、英語を習ったのに、こんなやさしいことが表現できないとは、じつに悲しいことです。

外国人と会話ひとつできない、手紙ひとつ書けない、何とかなりませんか、と訴える人がどんなに多いでしょう。むこうの言うことがわかりもしないのに、むやみにイエス、イエスというイエスマン、ただニヤニヤして、「アノヒト・インケンデス」などと誤解されるニヤリ族、外国へ行っても通訳がいなければ、一人で外出もできない社長さん。講義がわからずに、宿舎にとじこもって、日本から送ってくる古い新聞を熟読して帰ってくる学者先生。……あなたが、その一人でなければ幸いです。

それにしても、どうしてこんなことになったのでしょうか。どうすれば英語に強くなれるのでしょうか。この病源をつきとめ、診断し、治療し、そして、みなさんの英語の力が強くなるように、私はこの本を書きました。

私は英文学を研究しているものですが、同時に長いあいだ英語を教えてきました。四半世紀はとうに越えていて、われながら驚いています。ですから、自分をもふくめて、日本人の語学を習ううえでの欠点は、よく心得ているつもりです。また、どうしたら効果があがるかにも、多少の苦心をしてきました。

英語がむずかしいのは、どういう点か、と考えてみると、日本語とちがうところがむずかしいのです。

たとえば、「水は冷えて氷になる」を日本人はWater cools and becomes ice. のように言いますが、英語では前置詞が発達していますから、Water cools into ice. とあっさりやるのです。これは発想の仕方の相違でしょう。こういった相違点を、新しい角度から攻めれば、英語は自分のものになります。あとは、どんどん、使うことです。

活用しだいで、中学程度の英語でかなり高い内容まで自由に表現できるものです。「彼女にかぜをうつされた」に、感染contagionといったむずかしい単語を知らなくてもよいのです。こんな言葉を使ったら、かえっておかしいのです。では、なんというか。She gave me her cold. で十分です。

こういう考えから、この本では、やさしい単語ばかり使ってあります。中学二年程度の実力で、かなり高い内容まで表現することができます。習いはしたものの、使いものにならなくなっている英語を、生かしたいかたがた——サラリーマン、学生、主婦、そのほかいろいろの人びとに、広く読んでいただきたいと思います。

この本で、私は、思いきって話し言葉に重点をおきました。私たちが欲しいのは、大時代の古い英語ではなく、現実の、生きた英語だからです。トウフを買うのに『勧《かん》進帳《じんちょう》』のせりふを使ったらおかしいでしょう。

英語の本というと、かたくるしい術語がいっぱいの頭のいたくなる参考書か、ウェーファースのような何にも身につかない随筆と思われがちです。しかし心配ご無用です。この本は、楽しみながら、笑いながら、読み進むうちに、自然に英語に強くなっているあなた自身を発見するようにできています。

一九六一年夏

岩田一男

この本がたいへん多くの版を重ね、アメリカ、イギリス、中国、韓国などからもたくさん手紙をいただきました。著者として、じつにうれしいことです。ここに、ご要望にこたえ、増補版を出すことになりましたので、あらたに、外国へ行く法を加えました。

一九六五年三月二十日

増補にあたり　著　者

目次

カバー・本文挿画　真鍋博

1 どうして、英語ができないのか

(1) だれも教えてくれない、やさしい英語

あなたへの五つの質問

まず質問から話をはじめましょう。つぎに五つの問いがあります。あなたの答えを用意してください。何でもなく、正しく英語で言えるのだったら、この本は読まなくてもいいようなものですが、さて、どうでしょう。

第一問……「ここはどこですか」（かりに、ニューヨークで迷子になったとき、あなたはこれをどう英語でいいますか。）

第二問……「足もとに気をおつけ」（恋人と道を歩いているとき、石につまずかないように注意するとき、どう英語でいうでしょう。）

第三問……「はい、ここにあります」（ナイフはないか、といわれたとき、ポケットから取り出して、さし出しながら。）

第四問……「はいっています」（便所にいるときです。外からたたかれたりすると、だまっているわけにもいかない。それを英語で何といいますか。）

第五問……「もういいかい」「いいよ」（人にお酒をすすめたり、すすめられたりするとき。子供におしっこなどさせるとき。）

予想されるあなたの答え

以上五つの問いに対して予想される答えを書いてみました。これは多くの人たちがそう答えたものなのです。あなたの答えも、おそらく、つぎの中のどれかでしょう。

第一問　Where is here?
What place is here?
Where is this place?

第二問　Take care of your foot.
Take care under your foot.
Take care lest you should not fall.

第三問　Yes, it is here.
This is the knife.

Here is your knife.

第四問　I am here.

Mr. So-and-so is here.

I am inside.

第五問　Already? ______ Yes.

Finished? ______ O. K.

Is this enough? ______ Yes, it is enough.

あなたの答えは、全部、まちがっています。

それでは正解は

これら、五つの問いは、どれも日常生活ではごく普通のことばかりです。ナイフを貸したり、道に迷ったり、恋人と穴だらけの通りをあるいたり、友人と会って酒をくみかわしたり、便所へ行ったり……。

ところが、そんな日常的なことなのに、あなたの答えが全部ちがっているところに問題があるのです。
先に正解を言ってしまいましょう。つぎのとおりです。

第一問　Where am I?
第二問　Watch your step.
第三問　Here you are.
第四問　Someone in.
第五問　Say when. ―― When.

Where am I?

第一問の答えの Where is here? は問題になりません。Where は「どこに」、here は「ここに」ですから、「ここにはどこにありますか」ということになってしまいます。日本語を英語の単語に並びかえただけ。しかも、その単語はうろおぼえです。

What place is here? Where is this place? は、それより、半分ずついいことになります。たして二で割って What place is this? ならわかります。歌舞伎座《かぶきざ》の前で、これは何？ ときく時なら、それもよいでしょう。しかし、迷子になったときには、「私はどこにいるか」と、アメリカ人の子なら言うでしょう。

Where am I? 何とやさしい英語ではありませんか。中学一年のはじめに習った単語ばかりです。それなのに、そうなまけたはずでもない大学の卒業生で、こう言える人が、どのくらいいるでしょうか。……ここに問題があります。

Watch your step.

第二問の「足もとに気をおつけ」に対して Take care of your foot. は日本語の直訳（じつは誤訳）です。これでは、足をけがしている人に対して、「おみ足、ご大切に」という見舞いになってしまいます。take care of＝気をつける、というふうに、機械的・公式的におぼえて、意味をよく考えてもみないで、公式をあてはめたものです。考えてみると、こういううわすべりの態度からくる誤りは、私たちの外国文化の取り入れかたにもありはしないでしょうか。翻訳文化ならまだいいのですが、誤訳文化では困ります。

Take care under your foot. は「足もと、、」を考えている点だけはよいでしょうが、けっきょく、前の答えと大差ありません。

「Take care lest you should not fall. は、日本文の意味を「ころぶといけないから気をつけろ」ということだと正しく解釈してはいます。けれども、「……するといけないから」は、lest…should というので、not をつけてはいけないのです。これは、英語の知識の不足ということになります。また、not をつけなかったとしても、この lest……should という表現は、かなり形式ばった、やや古めかしい、書き言葉の表現です。正しく言えたとしても、「ころぶといけませぬゆえ、お気をつけなさいまし」という感じに近く、原文の「足もとに気をおつけ」という話し言葉の感じとは遠いでしょう。

これの、なお極端なのが Pray be heedful lest you should measure your length on the ground. 式の表現です。「転倒めさるといけぬゆえ、お気をつけられましょう」という大時代な表現です。トウフを買うのに『勧進帳《かんじんちょう》』のせりふを言うようなものです。こういう英文を書いた学識豊かな（?）人に、どこでこんな言い方をおぼえたのかときききましたら、明治のころはやった南日《なんにち》氏の解釈法という本でおぼえましたと答えました。

Take care not to fall. ぐらいに、やさしい英語で、なぜ表現しようとしないのでしょうか。

それよりも何よりも、原文の意味をよくくんで、それに当たる、やさしい英語の表現は、と考えて、Watch your step. とするのが、最高なのに、こういえる人は、じつに少ないのです。……ここに問題があります。

Here you are.

第三問の「はい、ここにあります」を、Yes, it is here. としたのは直訳すぎます。はい＝Yesと、意味も考えずに、機械的にやるのは誤りです。This is a knife. は「これはナイフです」ということ。「ああ、そうですか」とでも答えたくなります。Here is your knife. は「ここにあなたのナイフがある」で、あなたの望むといった心持をきかせたつもりでしょうが、やはり、むりで、ここにあなたのナイフがある、落ちていたからひろっておきました、とでもなりかねません。英語的な考え方としては、相手の望む品物のかわりに、もっと直接的な、相手その人を、もち出して注意をひくわけです。知ってしまえば何でもないのですが、日本語からはけっしてこの表現は出て

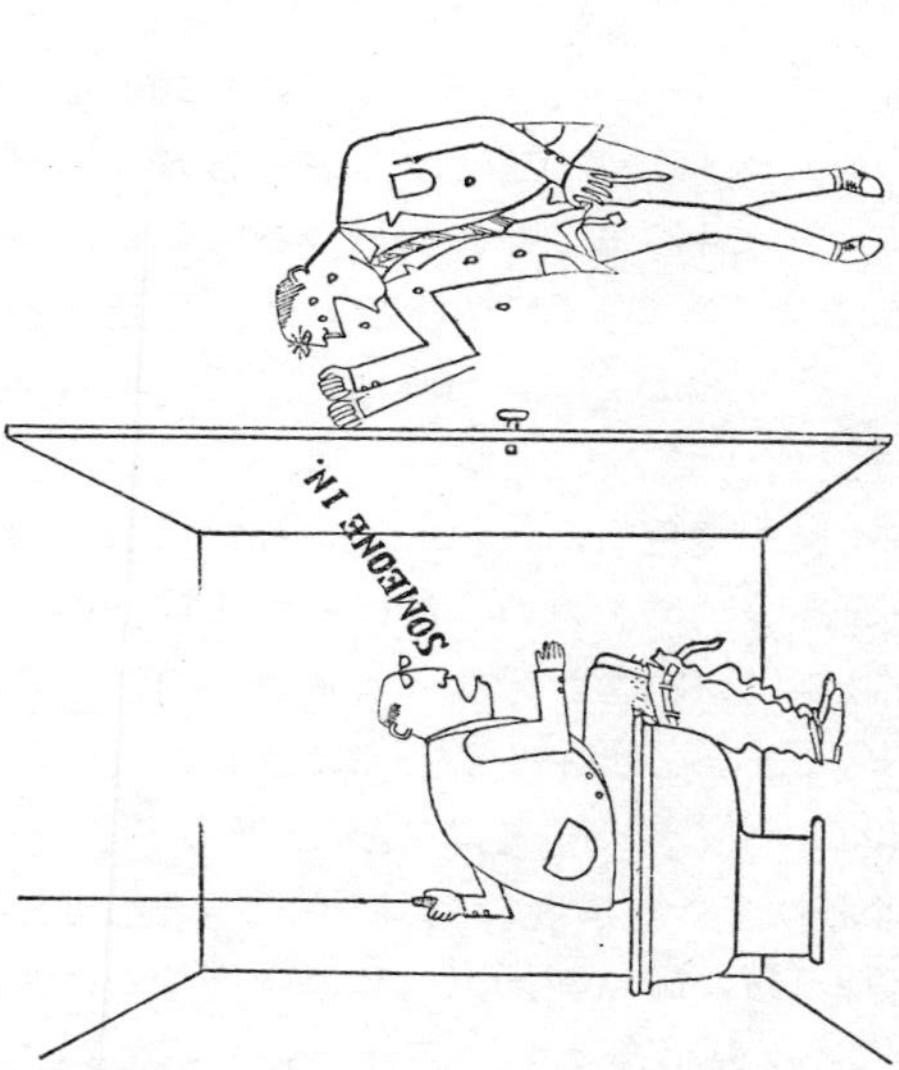

トイレでノックされたとき、I AM HERE. ではこっけいである。

きません。しかも、hereといい、youといい、areといい、どれも中学一年のはじめに出てくる単語なのです。そして、きわめて卑近な内容なのです。しかも、できない。……ここに問題があります。

Someone in.

第四問の「はいっています」は、内容が内容ですから、学校の教科書にはのっていないかもしれません。けれども、I am here. ではこっけいです。「私」がケネディでもフルシチョフでも、こっけいなことに変わりありません。「だれかがいます」というように、相手と面とむかわぬうちは、三人称で言うのです。これは、ドアをノックしているだれかにむかって、「あなたは、だあれ」という場合に、Who is it? というのと同じようなものです。女子学習院《じょしがくしゅういん》では、「あなた」と言うかわりに、「このかた」と三人称で言うそうです。ちょっと似ていますが、このほうは、面と向かってそう言うのです。「私はこのかたを愛します」といわれても、何だか他人のようで、あまりうれしくなかった、とある人は申しました。これらも、考え方の相違、あるいは、発想法の相違からきているものでしょう。……ここに問題があります。

Say when.――When.

第五問の「もういいかい」「うん」などは、日常よく言うことですし、内容的にもべつにはばかるところはないのです。

アメリカの子供たちが何でもなく使っているこの Say when. という英語が、大学教授でも言えないとしたら。……ここに問題があります。

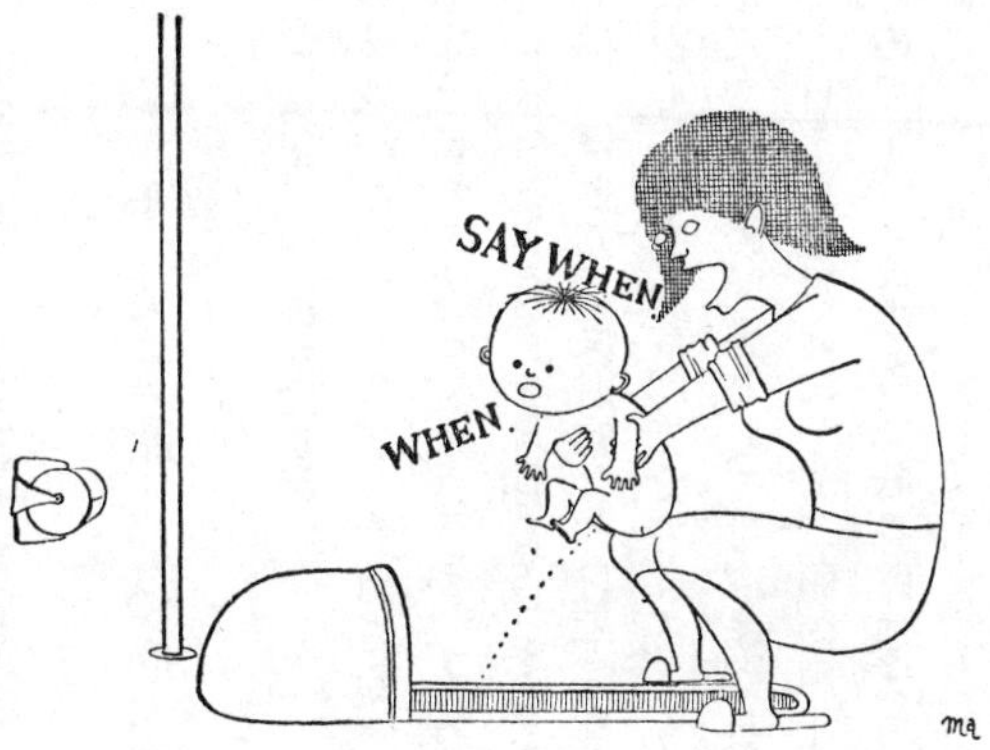

「もういいかい」「いいよ」というやさしい言葉が、なぜできないのだろうか。

日本人に共通した五つの誤り

以上の誤りは、どういうところからきたのでしょう。その原因は、つぎのように要約できるようです。

① 基礎的な英語の知識の不足、不確実。

② それなのに、むずかしいことを言おうとする。

③ 意味をよく考えないで、直訳をやる。つまり、日本語で英語を考える。

④ やさしい英語が使いこなせない。

⑤ 日英の思考のかまえ方、発想法の違いがのみこめていない。

(2) 生きた英語・七つのポイント

反射的に英語が出るのが理想的

いま要約した五つの誤りを冒さないようにすることが、そのままやさしい英語のできるようになる方法でしょうが、もう少しくわしく述べてみます。

Thank you. Good morning. How do you do? I love you. I don't know. などは、今日では、ほとんど反射的に、日本語を媒介とせずに、口をついて出てくるでしょう。これがもっと高い程度までできるようになるのが理想的なのです。

ただ、現実の問題としては、まだ英語で考えるところまではいっていません。どうしても日本語を媒介にして、頭の中で和文英訳のようなことをやっては、口に出しているのです。そういう実状を踏まえて考えると、たとえば、つぎのような注意が必要です。

簡潔に言うようにすること、そのためにはやさしく考えること

「こんなことをおうかがいして失礼かとも存じますが、もしや、あなたは譲二《じょうじ》さんの弟さんではいらっしゃいませんでしょうか」——こういう、くどくどしい日本語を考えて、それを、いちいち、ていねいに英語に改めようとしてはたいへんです。要するに、「あなたは譲二の弟か」ということですから、Are you George's brother? で意思は通じます。それにExcuse me, but でも前につけられれば十分です。これが率直なアメリカ人なら、ポンと肩でもたたいて、George's brother? と、簡単に、しかし親しそうに、言うでしょう。

直訳をしないこと

とくに、慣用的になった表現を、そのまま英語に直そうとすると、えらいことになります。

「お元気ですか」「おかげさまで、元気にいたしております」を"Are you in high spirits?" "Thanks to you, I am in high spirits." といっては、相手が病気を直してくれたお医者さまのようです。それに「お元気ですか」というのは健康を問うているので、

試合の前の野球選手に、意気さかんかどうかをきいているのではありません。これは、一語一語にとらわれず、健康状態をたずねる英語の表現は何か、と考えて、How are you? とたずねます。そして、きいてくれたことに対する感謝の気持ちは、I am very well. の後に、thank you. をつければよいのです。

知人同士路上などで出会ったときの、「やあ」、「やあ」などというあいさつも、剣術の試合ではないので、How do you do? と問い、答えも同じ How do you do? と受ければよいのです。

「はじめまして、どうぞ今後ともよろしくお願い申し上げます」などという慣用的な初対面のあいさつを、I see your face for the first time. などというと、何だか、おまえの顔をはじめて見るがカバに似ているな、などと言われるような感じがします。「どうぞ今後ともよろしくお願い申し上げます」を Please favor me with your future acquaintance. などと言うのもおかしなものです。

英語では、初対面のあいさつは何というか、と考えて、How do you do? (I'm) Glad to see you. と言えばいいのです。

よく引かれる例ですが、外国のえらい人たちに向かって、むかし東大の浜尾《はまお》新《しん》という総長は、式か何かの後、「何にもございませんが、どうぞ隣りの部屋でめしあがってください」というつもりで、There is nothing, but please eat the next room. と魔法使いのようなあいさつをしたそうです。Please help yourselves to anything you like in the next room. I hope you will like it. などと言えばいいところです。「これはつまらないものですが、どうかめしあがってください」を、そのまま This is bad. Eat it, please. とやったにわか通訳がいたそうです。東洋人特有のけんそんぶりを発揮したつもり（しかも内心では、どうです、おいしいでしょうと得意）なのです。

しかし、そんなまがりくねった国際性をもたない言い方は、率直なアメリカ人には通用しません。なかには言葉どおりにとって、「おいしいからこそ人にすすめるのが当たりまえだ。それなのに、まずいものを、なぜすすめるのか」と、ふんがいした人もいたそうです。これなど、英語以外にも、反省をうながすものをもっています。ついでながら、「これ、ぼくのママがつくったお菓子みたいだ」というのが、アメリカ人の最高のほめ言葉だそうです。

全体として何というか、と考えること

「おはよう」を英語で表現するときには、全体として、この日本語のあいさつに当たる英語のあいさつの表現を考えGood morning. と言うでしょう。このように、部分にとらわれず、なるべく大きく、できれば全体として、これだけのことを何というか、と考えましょう。

たとえば、娘が何かの会にデビューするとします。「まあじょうずだこと」、「それに品がよくて」、「いったいどこのお嬢さんでしょう」などと言われるのを、聴衆の中にまじって黙って聞いていると、母親はじつに誇らしくなるでしょう。そんな喜びを味わいたいと思いながら、こまごました世話をやいて娘を先に送り出すとき、こう申します。「今夜はしっかりやってね」

こういう気持を英語でどう表現しますか。

Do your best tonight. などと言う人もあるでしょう。しかし、これでは、ネルソン提督の命令みたいです。こう言ったらどうでしょう。

"Make me proud of you tonight, darling."

全体として、いかにも母親の気持をぴったりと言いあらわしているではありません

か。

「君、太郎が試験にうかったとさ」、「あの怠け者がかい。オドロキ、モモノキ、サンショノキだね」というような場合のオドロキ、モモノキ、サンショノキは、全体として考えれば、Wonders will never cease.（驚きというものは、絶えることがない）などに当たりましょう。意味をくんでOh, what a surprise! ぐらいでもわかります。あるところでこういう訳をしてみせましたら、ある人が、ききました。「どれがサンショノキですか」

「金さえあればどんなことでもできると思ったら大まちがいだぞ」という内容も、意味をくんでMoney is not everything, you know. ぐらいでわかるでしょう。

こなれた日本語は意味をくんで

あいさつに限らず、こなれた日本語の表現をそのまま英語に移すと、えらいことになります。「あの政治家は大臣の地位に色気がある」を、That politician has got sex appeal……などと言ったら、ゲイ・ボーイみたいな政治家になってしまいます。

「その手は食わないよ」を、I won't eat that hand of yours. では、「その手は食わないが、こっちの手を食ってやる」というようです。You can't fool me. などと意味をくんで言うことです。

「あの女性はいかにもあかぬけした女性だ」の、「あかぬけした」にこだわって、「垢《あか》」grime を「ぬいた」などと、ふろから上がったようなことを言ってはいけないのです。それよりも、多少のずれはあっても、近ごろはやるエレガントなどという言葉が浮かんでくるほうがずっとよろしいでしょう。She is an elegant lady. 英語のほうがやさしいようです。

つぎに、日本語的な表現と、やさしく意味をくんだ英語とをあげてみましょう。二つをくらべて、こなし方のコツをつかんでください。和文英訳より先に和文和訳をする、そして、それをやさしい、自分の知っている英語で、言い表わすこと、これがコツです。

虎になる（すっかり酔う）	get dead drunk
すてばちになる（絶望的になる）	become desperate
ゴルフのまねごとをする（ちょっとやる）	play at golf

幸先《さいさき》よいすべり出し（よいスタート）	a good start
その日暮らし（手から口への生活）	a hand-to-mouth life
追いつ追われつの試合（勝ったりまけたりシーソーのような）	a see-saw game
お払い箱になる（解雇される）	be fired
いろよい返事（好意的な）	a favorable answer
歯に衣《きぬ》着せず言う（率直に言う）	speak frankly
ぬれねずみになる（すっかりぬれる）	wet through
身を固める（結婚する）	marry

漢語的表現に注意すること

「共産圏貿易促進の声が政界の一角から起こった」の「政界の一角」を、from a corner of the political circleと英字新聞にありました。ちょっと見れば、りっぱな英語のようですが、円（circle）に角《かど》（corner）があるとは、幾何学的にいってヘンでしょう。これは、英語のうまい人でも、つい、日本語の中にはいっている漢語的表現に足をひっぱられがちなものだ、ということを示しています。

日本語の中に漢語的要素がはいったからこそ、日本語が力強くなったので、やまとことばだけだったら、日本語はいつまでもくらげなすただよえる状態にあったでしょう。しかし、同時に、漢語には「千仞《じん》の谷」だの、「絶世《ぜっせい》の美女」だの、「四苦八苦」だの、「四面楚歌《しめんそか》」だのといった、意味がはっきりしなかったり、誇張が多かったりするものが多いようです。そして、多分にムード的なところもあります。これをそのまま直訳すると、えらいことになります。

「国会議員選挙に出馬する」といいますね。これは選挙を戦いと見て、むかしの戦場に出かけるイメージをきかせたものでしょうが、あくまで比喩《ひゆ》です。じっさいに馬に乗って行くのではないのですから、go on horseback などといってはドン・キホーテのようです。run for the Diet とか、stand for the Diet といえばいいのです。英語のほうがずっとやさしいですね。

「法案を一瀉千里《いっしゃせんり》に通過させた」の「一瀉千里」など、川の水が一流れに千里を走るという語義を知っている人は少ないでしょうが、ムードはたいてい感じられます。こういう漢語的表現は多いですね。ですから、one thousand miles がどうのこうのなどと言わないで、「たいへんなスピードで」のように言えばいいのです。ついでながら、アメリカではこういうのを「鉄道する」(railroad) といいます。つまり、They railroaded the bill. です。いかにも、列車がばくしんするようなスピーディーな感じと、名詞をそのまま動詞に使った、インスタント的簡潔さとに、現代的な感覚があふれているではありませんか。

また、日本語には「誠心誠意《せいしんせいい》」「周章狼狽《しゅうしょうろうばい》する」「物見遊山《ものみゆさん》」「血わき肉おどる」といった、同じような意味の語を重ねたり、対句《ついく》のようにしたりする表現もかなりあります。これらは、調子をつけるためのほかには、ほとんど意味がありませんから、いちいち、訳す必要はないでしょう。つまり、この例でいえば、順に、sincerely, be flurried, pleasure-seeking, exciting ぐらいで、意味は十分通ると思います。

「国定教科書」というと、つい、「国家が定めたところの教科書」のように考えたくなりますが、state text-book ですみますし、「国有鉄道」も government railway で「有」ははぶいてよいのです。

「開花する」(bloom)、「赤面する」(blush) のように一語で言えるものもありますし、ヒーター、ライター、トラクター、クーラーのように「何々装置、何々機械」など、

-er, -or で表わせる場合も多いのです。

つぎに漢語的表現と、それに対応する英語の例をいくつかお見せしましょう。表現法のちがい——つまり発想法のちがい——をくらべてみて、漢語的表現の訳しかたのコツをつかんでください。

新聞配達人	newsboy
性的魅力	"it", sex appeal
美容師	beauty doctor（米俗）
大入道	giant
採算割れ	below cost
立身出世主義	successism
立体交差道路	freeway（上の方のは over pass, 下のは under pass）
原子核破壊装置	atom smasher
本日休業	CLOSED TODAY

大言壮語する　talk big
定年制を設ける　set age-limit
陰嚢《いんのう》　purse（米俗）

発想法の違いを考えること

面と向かいあわなければ、「（便所に）はいっています」を「私」と言わずに「だれかが」と三人称で言うようなのは、考え方、つまり発想法の問題と言っていいでしょう。

「（電話で）こちらは池田です」も、This is Ikeda speaking. といって、I am……としないのも同じような発想法から来るのでしょう。

「ほら、駅へつきましたよ」と、いっしょにバスに長いことゆられてきた子供に言うのに、「私たちのバス」でなく「私たち」を、つまり、乗物のかわりに人物を主語にして、Here we are now at the station. といいます。

最初の「あなたへの五つの質問」の第三問、ナイフをかしてくれといわれて、捜し出してからさし出す時の「はい（ここにあります）」を、「物」とか「それ」のかわりに「あなた」を主語にして、Here you are. というのも、これと同じ発想です。
日本人が誤りやすいものに come と go があります。「来る」と「行く」じゃないか、誤るわけもあるまい、なんて言われそうですが、まあ待ってください。「いつお訪ねしたらいいでしょう」と相手のつごうをきくとします。When shall I go to your house? と言いたくなりますが、それは誤りで、When shall I come…? とすべきです。それは相手の立場で考えるからです。階下でお母さんが、「ごはんですよ」と呼んでいます。「はい、今、行きます」も、同じこと、お母さんの立場になって考えてあげてください。そうすれば "O. K., I'm coming down right now." のように、自然に答えられるでしょう。
もっとも、相手といっしょに行く場合まで come にしなければいけないかなあ、などと気にすることはありません。「釣りに行こうよね」は、Let's go fishing, shall we? です。それから、もうひとつ。
Don't you like this? (あなたはこれが好きではないのですか)、Didn't she say yes? (彼女はうんと言わなかったのですか) のような否定の形の疑問には、日本人はじつに弱いのです。つい「はい、好きではないのです」「いいえ、好きです」「はい、言いませんでした」「いいえ、言いました」と日本語のように考えて、Yes, I don't (like this). No, I do. Yes, she didn't. No, she did. などと言うようになります。しかし、英語では、「好きか」ときかれても、「好きでないか」ときかれても、好きなら、Yes で、きらいなら No です。ここの考え方が、日英では反対です。したがって、誤りやすいので注意を要します。（このことは第七章でくわしくふれます。）

こういうことは理屈よりも慣れでしょう。Practice makes perfect.（習うより慣れろ）です。何度も使ってみること。すくなくとも、口に出してみなければ、自然に自分の中にとけこむことはないでしょう。ところが、文字は気にするくせに、音《おん》のほうはさっぱり、という人がすくなくありません。これでは、こまります。

ルール1　英語で考えるようになるのが理想的。
ルール2　やさしい表現をくりかえし練習し、使ってみること。
ルール3　日本語を媒介にして考えるにしても、考えを整理し、直訳は避けること。

2 日本人はなぜ発音に弱いのか

(1) 車屋英語と書生英語

ヴォルテール大いに怒る

ヴォルテールといえば、ルソーとならんで、フランス・デモクラシーの先祖です。この人の一生は、恋あり、戦いあり、プロシア大王の先生になるかと思えば、イギリスに亡命する、といった調子で、波乱にみちた一生でした。彼がイギリスに亡命した時、「ちょうどよい機会だ、英語をマスターしてやれ」と勉強をはじめました。牢屋へ投げこまれるたびに、外国語を一つずつおぼえていった、日本の社会主義者大杉《おおすぎ》栄《さかえ》のようですね。

ところが、少し勉強してみると、ヴォルテールは、腹が立ってきました。こんなにつづり字と発音とが一致しない言葉もない！ guest（来客）がグエストかと思うとゲストだし、fatigue（疲労）はファティーグで、ague（おこり〔病気〕）はエーギュー……「ええい、こんな腹の立つ国語は、いっそ半分は fatigue に、後の半分は ague にとりつかれてしまえ！」とどなったといいます。（それでも、じっと、しんぼうした彼は、やがて天才を発揮して英語を自分のものにしてしまいました。）つまり、英語の発音はつづり字とは一致しないことが多いので、その点を心得てかからないと、とんだことになります。とにかく、聴覚型でない日本人は、耳や口をおろそかにしがちです。正しい発音をしてください。

宇野浩二《うのこうじ》氏の小説に、学問が不得手で中学を三度落第した友人の話がでてきます。お情けで学校を出してもらったが、もちろん英語などできはしません。oneを読んでみろといわれて、しばらくじっと見つめていたが、ややあって、小さな声で言いました。――〝オネ〟

オネといえば、安政《あんせい》元年（一八五四年）に村上英俊《むらかみひでとし》という男のあらわした『言語便覧《げんごびんらん》』には、一、二、三……の読み方が、オネ・トウオ・テレー・ホユル・ヒヘ・シス・セーヘン・エイクト・ニネ・テンのような変則な発音が記されています。当時行なわれていたオランダ語の発音の影響も見えますが、おそらく書かれた文字にも足をひっぱられているのでしょう。

これと対照されるのは、唐人《とうじん》お吉《きち》で有名な下田《しもだ》の玉泉寺《ぎょくせんじ》の眉毛《まゆげ》和尚《おしょう》の手記でしょう。オン・テウ・テフルイ・フホル・フルイフ・シクス・セフベン・エテウ・ナイン・テン……。ずっと発音に近いではありませんか。これは滞在中のハリスなどから、直接耳できいた音を記したもので、文字を通してはいないようです。

モーガム著、コロネル・レジー

神保町《じんぼうちょう》の古本屋に、モーガム著、コロネル・レジーという紙が背中にはってあるのを手にとってみたら、S. Maugham: Colonel's Lady つまり、モームの『大佐の夫人』という作品集でした。

一般に、つづりはずっとそのまま残りますが、発音のほうは、どんどん変わっていくのです。night もむかしはニヒトのように発音しました。つづりはその名残りです。O'Shaughnessy というイギリスの作家の名前など、専門家でなければ、なかなかオショーネシィとは読めないでしょうし、Chalmondeley という地名を、チャムレイと発音できる人はまずありますまい。ちょうど愛知《あいち》県の設楽（シタラ）や北海道の長万部（オシャマンベ）のように。

バーナード・ショーの皮肉

バーナード・ショーがすぐれた劇作家で、社会主義者だったことはご存知のはずです。彼はまた、つづり字改良論者で、試案も発表しています。彼によれば、ghoti は fish と発音するのだそうです。gh は laugh（ラーフ）や cough（コーフ）の「フ」の音であり、o は women（ウィメン）の「イ」、ti は nation（ネイション）、patience（ペイシェンス）の「シュ」ではないか、しからば ghoti は fish ということになる、というわけ。つづり字と発音は、このように、一致しないことが多い、というのです。

そこで、こんどはつづりのほうから多少発音のほうへ歩みよる動きもあります。たとえば do not know の発音を移して dunno と書いたりします。whatyoumaycallit は一見、何のことかわかりません。what-you-may-call-it とすればわかりやすいでしょう。「あのなんとかいうもの」新しくできた機械、そのほか何でもいい、まだ名がわからないものなどを、こんなふうにいうわけです。

"On the Beach"（『渚《なぎさ》にて』）という映画の中に、

Where were you during all the…the…watchmacallit?（こんどのあの、なんとか……なんとかいう騒ぎのあいだ、あんたはどこにいたの）というのが出てきますが、ここでは戦闘のことです。What you may call it の一だんとくずれた発音をそのままつづってあります。

こんなふうに、よく発音どおりにつづってしまいますから、注意してください。Waddaya mean? は What do you mean?（それはどういうことかね、または、君の話はヘンだね）ですし、I wanna talk to you. は I want to talk to you.（あんたに話があるんだ）です。俗な発音では、語尾の t はしばしば落ちて、want to が wanna に、wanted が wannid のようになります。

セビロも英語である

某日本語辞書の「背広」というところをみると、「背の広きをもって言うなり」とか、「背筋の縫目なきをもって」という説明があるそうです。しかし、もともとは英語です。むかし、黒船と呼んだ時代に、船員たちは、かたくるしい制服をふつうの「市民の服」に着かえ、異国の町へ楽しみを求めてくり出して行きました。その「市民の服」civil clothes の civil を日本人が「背広」となまって言ったのだと申します。

他の説では、ロンドンの Saville Row（サビル・ロウ）の有名な洋服屋の名前から来ているともいいます。（しかし、黒船時代にはまだ開店していなかったはずですが。）

目からはいった書生英語と、耳からはいった車屋英語。

いずれにしても、耳からはいった英語であることにはまちがいなさそうです。

横浜《よこはま》には、洋食屋（明治大正調の言い方ですが）や酒屋などで、「亀屋《かめや》」「カメヤ」「カメ屋」という店が多いのです。これも、開港当時、外国人たちがレストランで、つれてきた洋犬に、Come here, come here.――カメヤ、カメヤと聞こえたのでしょう――といっては、そばへ引き寄せて、肉片をやったりしたところから、そのカメヤを屋号にしたものと解釈されています。

この、背広や亀屋のような、文字を通さないで耳からはいった英語を、もっとも多く知り、もっとも多く口にしたのは人力車夫だったでしょう。そこで、耳からはいった英語を車屋英語といいます。車屋英語は、一見、とっぴょうしもないようですが、じつは、あんがいよく、音《おん》の特徴をつかんでいます。たとえば、civil の i は日本語のイより口を開いて発音されるからエに近いでしょう。こういう意味では、色をエロという某画伯や、オチル（降りる）人がシンデ（済んで）から乗ってくださいという駅員のような、東北の人の発音の方が英語に近いかもしれません。まして後のはアクセントもないから、アのようにさえなって、日本語のイとは、いよいよ遠くなります。セビロという発音が、あんがいよく特徴をつかんでいるという理由です。下田のお吉寺の和尚の聞き書きも、この点では、同じ車屋英語といえましょう。

チョッキ——jacket（ジャケット）
ハンケチ——handkerchief（ハンカチーフ）
ブラシ——brush（ブラッシュ）
ワニス〔ニス〕——varnish（ヴァーニッシュ）
シャツ——shirt（シャート）

ガラス——glass（グラース）

など、いずれも、車屋英語のなかにはいりますが、英語発音の特徴をつかんでいるうえに、ハンケチなどは、アクセントによって、強いはっきりした部分と弱いぼんやりした部分との区別も自然に表わしています。ついでに日本人の誤りやすいのは、プとブのようなにごるのと、にごらない音の混同です。プラットフォームがブラットホーム、バント（野球の軟打）がバンド、ハードロールド・ペーパー（堅巻きの紙という意味）がハトロン紙、ブロマイドがプロマイドになるような。パスとバスなどの混同はしょっちゅうです。スケート場はスケーティング・リンク（skating rink）ですし、拳闘やプロレスはリング（ring）でやるのです。

白いはワイ、赤いはウレ

外国人の子供と遊んでいた日本の小さい子が、「白い」は「ワイ」で「赤い」は「ウレ」だと言いました。つまり white や red の語尾はきこえず、また、日本語より強い発音のしかたであることを自然におぼえたわけになります。

これに反して、明治の初年、文明開化時代——ザンギリ頭をたたいてみれば文明開化の音がする、といわれた時代の書生たちは、文字からはいった英語を乱発したものです。この時代を代表するものとして、よく例に引かれる坪内逍遙《つぼうちしょうよう》『当世書生気質《とうせいしょせいかたぎ》』の中には、ペンシル、ウォッチ、ビール、ブック、ラムプだの、「それはイムモーラル（不道徳）でしょう」とか、「おまえをビリイヴ（信用）する」とか、「旧弊なファザアをパアシュエイド（説得）しなければいけん」とか、さかんに出てきます。

それをまた、隠語化して「セブン（七（質）屋）でモニー（金）を借りて、キャット（ネコ↓芸者）とプレイ（遊ぶ↓遊郭へ行く）して、ホース（馬↓引馬）をつれて帰ってくる」のようにもじったりしました。これらは書物――文字によっておぼえたつづり字発音です。これを書生英語といいます。鹿鳴館《ろくめいかん》で外国人と日本のレディーがダンスを踊るようになった時代（明治十六～二十二年）の産物であるコルセット（corset）やボンネット（bonnet）の、rやmを重ねた発音なども、第一音節にアクセントをおかず、日本語式にたいらに発音していることを示しています。これも文字からの、つづり字発音によるものです。

この車屋英語と書生英語、耳からの英語と目からの英語の問題は、古いようでじつは今もって新しい問題なのです。英語が通じないとふんがいする人の中には、oneをオネというほど極端ではないにしても、colonelをコロネル、moneyをモーネーなど と、つづり字を、しかも日本式に発音する書生英語の流れをくむ人が多いのではない でしょうか。だいたい、日本人は聴覚型よりも視覚型ではないでしょうか。これは視覚に訴える文字のせいもあるのでしょう。「それはどう書きますか」などと文字にしなくてはおさまらない人が多いことが、これを証明しています。

(2)　catは、キャットではない

日本語は母音で終わることが多い

catがキャットでないなどというと、けげんな顔をする人がたくさんいそうです。しかし、たしかに、キャットではないのです。

トをト……と鶏《にわとり》にえさをやるような調子でひっぱってごらんなさい。ト……オとなってしまうでしょう。日本語の「ト」の中には「オ」という母音(「ア」「イ」「ウ」「エ」「オ」のように舌、くちびる、歯などにじゃまされないで出る音声。子音に対する)がはいっていることが、これでわかります。同様に、ラをラ……とのばすと「ア」とい

う母音が含まれていることがわかります。だから「ト」は日本語では、一音のようですが、ローマ字で表わせばtoで二音（子音＋母音）です。英語は多く子音で終わるのに、日本語は、このように、母音で終わるものがひじょうに多いのです。ですから、〔t〕という子音で終わるcatを、母音を含ませた「ト」と発音しては、誤りなのです。だから、「catは、キャットではない」。

こういう点では、日本語は、母音を多くふくむイタリア語などの南ヨーロッパの言語に近いでしょう。

たとえば、次の三つをくらべてみると、よくわかります。

O sole mio!（イタリア語）

Oh my sun!（英語）

Watashino taiyô yo!（日本語）

（もちろん、日本語は、実際の発音では、もっと子音の連続が多く、また声帯の振動をともなわない無声母音もあります。）

子音で終わっているのに、母音をくっつけて、しかも、どの語も同じように平板な調子で、日本語式に読んだり、話したりするために、オカシな結果になるのです。

red（赤い）を「劣等《れっとう》」のように、目から、文字からおぼえて発音する大学生よりも、「ウレ」と、耳から、音から、おぼえて発音する子供のほうが、むしろ英語の特徴をつかんでいるわけです。

カナをふる危険

このことは、また、カナをふっておぼえることの危険をも示しています。その上、個々の音で日本語と似ていてもちがうものがあり、また日本語にもないものがあるのだから、たいていの英語辞書の用いている万国音標文字（発音記号）でおぼえるほうがいいこと、もちろんです。万一、カナによるにしても、この日本語と英語の発音のちがいをよく頭においてかからなければいけないのです。

(3)　英語は坊さんのお経ではない

アクセントの重要性

ある日本人が英語で West Kensington 行きの切符を買おうとしましたが、どうしても通じない。そこで、腹を立てて、ウエスギケンシン（上杉謙信）と、エとケを強く言ったところ通じたといいます。

『ベン・ハー』を見ないか、とさそわれて、「私はきのう見た」ということを、日本人が英語で、I saw it yesterday. というのをきいていると、「愛想《あいそう》言った」のように聞こえます。英米人が「ワタクシ・キノウ・ミタ」というのを、少し離れてきいていると、「タクシ・ノウ・ミータ」、まるで「タクシーにメートル計がない」かのようです。

「おまえ待ち待ち蚊帳《かや》の外《そと》」を英米人が言うと、

O my much much care no sort.

のようになるし、「古池や蛙《かわず》飛びこむ水の音」は、

Free care cowards to become miss note.

のようになるでしょう。もちろん、これは発音だけで、英文の意味はありません。

イエスペルセンの考え方

デンマークのすぐれた英語学者であったイエスペルセン（Otto Jespersen）は、『英

語の成長と構造』の中で、英語の特徴をいくつかあげています。その一つとして、アクセントが心理的に（かならずしも語源的にでなく）重要な音節にあるため、アクセントのある音節と、ない音節との間の強弱がはっきりしている、と言っています。英語が強さアクセントであるのに、日本語は高さアクセントです。そのため、われわれ日本人には、英語を学ぶ場合、それほどアクセントを重要と思わない傾きがあります。しかも英語では、概して語の初めにアクセントがおかれるのに、日本語では低くはじまるか、坊さんのお経式に、ずっと平板であるかです。この違いをはっきりさせておかないと通じなくなります。

日本語にはいった英語の発音、とくにアクセントがどんなふうにくずれるかを見ると、両者の相違がはっきりします。

mánager	マネージャー
véteran	ベテラン
cóffee	コーヒー
cárnival	カーニバル
cóncrete	コンクリート

sándwich ―― サンドイッチ
image イメージ

これでわかるように、日本語では、アクセントはたいていうしろへ移ってしまい、そして柔らかく弱まってしまいます。

だから、われわれが英語の単語を発音するときには、つぎのことを気をつけなければなりません。(1)アクセントの位置をまちがえぬこと、(2)アクセントのある音節を、日本語式に、平板にならぬように強く発音すること、(3)新しい単語をおぼえる時には、かならず正しい発音、とくに正しいアクセントをおぼえること。一度まちがっておぼえたアクセントはなかなか直りません。

(4) 文章の中で強調するところ

のっぺらぼうに話さないこと

Iとか do とか this とかいう単語は、単音節だから、それだけではアクセントはありません。しかし、これが文章の中にはいると、意味上重要であれば強勢をもつようになるのです。

一つ一つの語のアクセントには気をつけるくせに、文の中の、意味による文章強勢には、あんがいかまわない人が多いのです。そのため Bill went to New York. を「ビル煙突《えんとつ》入浴」のように、のっぺらぼう式に読んだり話したりするため、外国人には、さっぱりわからないのです。

「私は毎朝五時に起きる」という意味の英語は、ふつう次のようになります。

I gét úp at five évery mórning.

つまり get も up も five も、一語ではアクセントはないけれども、文章の中ではたいせつな意味をもっているから、強勢があるのです。

gét úp は、動詞と副詞と結合して新しい動詞の意味をもつから、むしろ up の方にいっそう強勢がおかれます。だから、Cóme in. だの、He wént up. などのように言う人は、外国人がきいたらヘンに思うでしょう。もし、あなたがノックして、Cóme in! という人があったら、日本人が中にいるのです。

évery mórning のような形容詞＋名詞は、普通同じような強勢をどちらにもおきます。every morning だと、たとえば「一日おきじゃなくて毎朝だよ」というふうな特別の強調が感じられます。

bláck bírd（黒い鳥）を bláck bird といったら、ツグミの一種になってしまうし、wálkingstick（散歩用のステッキ）を wálking stíck といえば、トコトコ歩き出す魔法の杖になります。

また、この at のような前置詞は意味がそれほど重要でないので、強勢はありません。また「前に置く語」というのは名詞（や代名詞）の前におくことばということですから、get up at / five などとせず、at five と続けて言わなくてはいけません。get up の up は、前置詞ではなくて副詞（英語でいうと adverb つまり、本来動詞に副《そ》う詞という意味）ですから、get につけて言わなければいけません。だから I look up at the sky.（私は空を見上げる）は二つに切るとすれば、I look up / at the sky. です。

助動詞にもふつう強勢はありませんから、I sháll go. でなく I shall gó. のように発音しないと、何か shall に特別重点をおいた意味のように思われます。

(5) 求愛も発音しだい

恋人にささやく二つの例

たとえば I only love you. と、恋人にささやくばあいを考えましょう。

I をとくに強め only をこれにつけて言えば、「私だけがあなたを愛しています」（ほかの人はあなたを愛してはいませんよ）の意になります。

しかし、love を強め、only をこれにつけて発音すれば、「私はあなたを愛しているだけよ」（結婚はお金持とするわ）でたいへん変わってきます。

やさしいようでむずかしい質問

I think that that that that that writer used is wrong.

が読めますか。

第一の that は「……ということを」、第二は「あの」、第三は、"that"とでもしてあればなおよくわかるはずの「that という語」、第四が「ところの」、第五がもう一度「あの」という意味です。つまり「あの作家が用いたところの、あの that という言葉は誤りであると私は思う」という意味です。つぎのように強勢をおいて読むわけです。

文章のなかのアクセントに注意すること。とんでもない誤解をまねく。

I think that thát thát that thát writer úsed is wróng.

似たような例を、もう二つあげてみましょう。

Give a little space between king and and and and and queen.

二つ目と四つ目の and は「and という言葉」の意、したがって、文章強勢をおいて発音します。他の三つの and は「そして」という普通の意味ですから軽く発音して、文章強勢はおきません。

これは、印刷物の校正をした

ある人が、A図のように、kingという語とandという語との間、それからandという語とqueenという語との間が、くっついているから、B図のように、もっとアケロという指示を、文章で示したところなのです。それは次のように、文章のなかにアクセントを置きます。

Gíve a líttle space between kíng and ánd and ánd and quéen.

A

……kingandqueen……

B

……king and queen……

もう一つ例をあげてみましょう。

A canner can can anything he can can, but he cannot can a can, can he?

canには「……できる」という意味（文章強勢はふつうないから軽く発音する）と、「かんづめにする」という意味（この二つは文章強勢があり、はっきり発音する）があります。cannerは「かんづめの製造人」です。

「かんづめ屋はかんづめにできるものは何でもかんづめにすることができる。しかし、かんはかんづめにはできない、そやおまへんか——」たいへんもっともな話です。
「アメガフルテンキデナイ」という電報を、「アメガフル、テンキデナイ」と読めば「雨が降るよ、天気でないから登山はおやめ」のようにとれるでしょうが、一気に読めば、「雨が降るような悪い天気ではないから、登山をしろ」という意味にとれるでしょう。
The inspector says the detective is a fool.
も、二通りに読めますね。says の後で切れば、
The inspector says, "The detective is a fool."
「探偵はバカだ」と警部が言った、ことになりますし、says の前と、the detective の後で切れば、
"The inspector," says the detective, "is a fool."
「警部はバカだ」と探偵は言った、ということになります。切り方によって意味が変わります。
別の言い方をすれば、意味がわからなければ読めないということです。

(6)　日本人は感情を表わさない

日本人は感情を表わさない

日本人は感情をあまりはげしく表わさないようにしこまれてきました。歌舞伎で、かわいいわが子が、幼いご主君の身がわりとなって首をはねられるのを、腹の中は悲しみで煮《に》えかえりながら、顔色一つ変えず、グッとこらえて、「女房よろこべ、せがれがお役に立ったぞよ」。トタンに、待ってました、と大むこうから声がかかります。

喜びも、悲しみも、感情をあけっ放しの外国人には、ここのところがどうもわからない。陰険ではないのかしら、と思いもかけない疑いをかけられます。

この、感情をあまり露骨に表わさない風習が、音調とか抑揚《よくよう》とかいわれるものの場合にも見られるようです。強さアクセントを主とする英語やヨーロッパ語では、調子がいろいろに、高くなったり低くなったり波うって、感情や、こまかいニュアンスを伝えます。終わりも、いつもだらだらとさがらないで、あがったりします。

ところが日本語ではそれほど抑揚がはげしくはないようです。そのかわり、「あたし、うれしいわ」とか「おれは十七歳だよ」とか「グッといかすね」などと、「わ」「よ」「ね」などという助詞を使うことで、英語ほど調子を変化させないで、感情を表わします。終わりを上げたりすることも少ないようです。

この調子を、そのまま英語にもちこむと、失敗する危険があります。

Yes や No ではじまる答えに対する問いは、Are you seventeen?↗のように上がり調子、who, when, where, what, which, how などを使った問いは、Who is it?↙のようにさがり調子、といったことは学校で習います。しかし、じっさいの会話では Pardon?↗（エエ？　問い返し）、Hungry?↗——Very.↙（腹へったか？——とっても）のように文の形でなくても抑揚があるのです。意味をよく考え、気持をあらわすようにしましょう。

＊

イギリスの発音とアメリカの発音

日本語の発音が、だいたい東京を中心とした東京方言がもととなっているように、スタンダード・イングリッシュ（標準英語）は、だいたいイギリスの南部、ロンドンを中心にした、教養のある人たちの言葉が主です。それはクインズ・イングリッシュなどといいます。日本に来て教えたイギリス人の教師の発音は、だいたいこれです。アメリカでも東部のニュー・イングランド、とくにボストン付近の発音は、ほとんどこれと同じですが、南部は黒人が多く、米語発音の代表とはいえません。しかし、一般にスタンダード・アメリカン（標準米語）とされているのは、シカゴを中心とする、全人口の三分の二に近く、全面積の四分の三、三百万平方マイルにわたっている中西部の発音です。

もちろん、イギリス発音とアメリカ発音とは違う点もあります。しかし、英米人で話もよく通ずるので、ちがうという点だけをあまり大きく考える必要はないのです。ごく大ざっぱに、アメリカ発音の特徴をあげてみましょう。

「オ」が「ア」になる。box（ボックス）がバックス、dog（ドッグ）がダッグのようになります。映画のメッカ Hollywood（ハリウッド）をホリウッドという人はいないでしょう。アメリカ人が人形を買いにきてダル、ダルと言われてめんくらったおみやげ屋がいました。日本語化した英語にはこれが多いのです。たとえば、collar（えり、カラー）のことを、コラなどという人は、おまわりさんでもいないでしょうし、volley-ball をバレーボールでなくボレーボールという人もないでしょう。college（コレジーカレジ）、swan（スウォンースワン）、cocktail（コクテイルーカクテル）などは英米のちがいを示すものです。

アメリカ英語の第二の特徴は r をひびかせることです。heart（心臓、ハート）を舌をまくように後へひいてハー（ル）トのようにいうと米発音になります。

アメリカ英語の次の特徴は二重母音を単音にすることです。eight（エイト）を（エート）のように、「エ」「イ」という二重母音を「エー」という単音をのばしたものにするのです。name（ネイムーネーム）、Spain（スペインースペーン）、stage（ステイジーステージ）、skate（スケイトースケート）のように、あるいは home（ホウムーホーム）、piano（ピアノウーピアノ）といったように。material（マティアリアル）や experience（イクスピアリアンス）で、こまった人もたくさんおありでしょうが、アメリカ発音ではマティーリアル、イクスピーリアンスのようになりますから、ずっとらくです。

アメリカでは「アー」を「エ」に近く発音します。I can't（カーント）speak Japanese. をキャントのように発音されたために、「話せる」のかと思って、日本語で話しかけたところ、No! と言われた人があります。

このように、アメリカ人のほうが音の高低のはばが少ないようです。つまり口の開きが少ないようです。鼻声でひっぱるように言う人のあるのも、そのせいでしょう。ですから、イギリス人ほど強いところはうんと強く、弱いところはうんと弱く発音しませんし、比較的、つづり字に近い発音をします。たとえば extraordinary は、イギリス英語ではイクストゥロードゥンリのように発音しますが、アメリカ発音ではイクストゥラオーディネリのように発音します。

また、アメリカは人種のルツボといわれるだけあって、外国の地名をそのまま用いた所がかなりあります。たとえば Birmingham, Greenwich や、Jerusalem まであります。イギリスですとバーミンガム（イギリス中部のロンドンにつぐ大都会、工業の中心地）、グリニッジ（天文台がある）であるのに、アメリカでは、つづり字に近く、バーァミングハム（アラバマ州の都会）、グレニッチ・ヴィレジ（ニューヨーク市、マンハッタン区の芸術家・作家が多く住むところ）、グリーンウィッチ（サンフランシスコの町）と発音しています。

まあ、英米でこんな違いはありますが、英米の発音のちがいばかり気にするよりも、似たところがずっと多いことに安心するほうがいいのです。発音全体にそれほど関心もないくせに、とかく、わずかな違いを言い立てるのが日本人のくせです。「それはどう書きますか」と文字をきく日本人は多いのですが、「それはどう読みますか」と発音をおぼえようとする人はそんなに多くありません。単語をたくさん知っていても、正しく発音できなければ、使いものになりません。まして文章の中に用いることはできないでしょう。意味と同時に、発音を正しく！

ルール4　catは、キャットではない。
ルール5　アクセントは正しく、強く。
ルール6　お経のように平板でなく、強勢・抑揚をつけて。

3
科学的な単語のおぼえ方

(1) 単語を知らないと、どんなに困るか

マツタケとアマガサ

フランス語の初等教科書に、よく出てくる話ですが、フランスの有名な小説家のアレクサンドル・デュマがドイツを旅して旅館にとまりました。ちょうどマツタケの季節でした。デュマは食べたいと思いましたが、マツタケというドイツ語の単語を知りません。そこで、マツタケの絵をかいて、ボーイに、コレヲモッテコイといいました。しばらくしてボーイがもってきたのを見ると、なんとそれはアマガサでした。

絵では意思の伝達がどんなに不十分か、これでわかります。時間もかかるし、絵がへただったら目もあてられません。

目が口ほどに物を言うのは、恋人の間ぐらいでしょうし、身ぶりで意思を伝達するのに、どんなに骨がおれるかは、テレビのジェスチャー・クイズを見ればわかるでしょう。

やはり、言語が伝達の手段としては最高です。そして、単語の知識は多ければ多い

ほどよいことはもちろんです。

芥川龍之介《あくたがわりゅうのすけ》の作品の中にも「サル」という日本語を知らないばっかりに、顔の赤い、おしりもあかい、毛だらけの、木のぼりのうまい、キャッキャッとなく動物などと、顔をまっかにして、もってまわった説明をする外国人宣教師の話が出てきます。

歯医者という日本語を知らないために「ワタクシ、ハダイク（歯大工）、ユキマス」と言った外国人があります。また、ある外国人は「灯台」という日本語を知らなかったために「船サランパンアブナイ拝見ノチョウチン」と申したそうです。（サランパンというのは「こわれる」という意味のマラヤ語で、むかし横浜あたりでは「あっちからサラが流れてき、こっちからパンが流れてきて、サランパン」などと言ったものです。）

ミカン・キモノ・サヨナラ

具体的な、物の名前ならまだいいのですが、これが動作など抽象的なことになると、なおこまります。みかんの「皮をむく」ことをあるアメリカ人は、「ミカン・キモノ・サヨナラ」と、詩のような表現をしました。「アチノウラケムチケムチ」と、しびれのきれたことを表現した子供（詩人佐藤春夫《さとうはるお》氏の令息の子供のころ）と好一対ですね。

hospital（病院）という単語を知らなかったために、sick—men—by—and—by—better—house といった人や、fourteen という数が言えなかったばっかりに、ホテルへとまるときに tomorrow tomorrow tomorrow……と、とまる日にちの数だけくりかえさなければならなかった人の苦心を想像してください。単語を知らなければいけないことは、十分になっとくがいくでしょう。

(2) しゃれ博士の記憶術

連想づけて記憶する法

大正の初めごろ、和田垣謙三《わだがきけんぞう》という、駄じゃれと外国語の好きな法学博士がいました。年賀状に愛牛湯《あいうしゆ》へ法被入否《はつぴにゆういや》（I wish you a happy new year. のつもり）と書いたり、he who me you its を、ヒー・フー・ミー・ヨー・イツなどと読んではおもしろがっている人でした。そして「発音の類似したる点を考察し外国語を記憶するがよろし」といって、いくつかをあげています。人間が、あたらしく物事を記憶する場合には、何か手がかりがいるので、あんがい、こんなことも役に立つかもしれません。お笑いまでに、いくつかをお目にかけましょう。

Anus（エーナス）↓穴↓肛門《こうもん》
hole（ホール）掘る↓穴
toll（トル）取る↓税金
mess（メス）めし↓食物
oak（オーク）大木↓カシのような木
below（ビロウ）尾籠↓下に
wife（ワイフ）愛婦↓妻
singing（シンギング）詩吟↓歌うこと
owe（オウ）負う↓借金する
so（ソウ）そう↓そのとおり
appetite（アペタイト）食べたい↓食欲
slowly slowly（スロウリ　スロウリ）ソロリソロリ↓ゆっくり

but then（バットゼン）バッテン↓だけれどね
are（アー）アル↓である
road（ロード）路道↓道路
drunken（ドランクン）ドロンケン↓泥酔した
give（ギヴ）寄付↓与える
kill（キル）斬る↓殺す
amiable（エイミアブル）笑《え》みあふるる↓あいきょうのある
honeysuckle（ハネサクル）花咲く↓スイカズラ
mouth（マウス）申す↓口
legal（リーガル）理がある↓合法的な
compensate（コンペンセイト）かんべんせいと↓つぐなう
kennel（ケンネル）犬《けん》寝る↓犬小屋
salad（サラッド）サラット（いためる）↓サラダ菜
buy（バイ）買《ばい》↓買う
ring（リング）リン↓鈴

go（ゴウ）行《ごう》↓行く
fly（フライ）飛来↓飛ぶ
lion（ライオン）雷音↓シシ
sick（スィック）疾苦↓病気の

私自身も、maze（メイズ）を「迷路」、tryingを「ツライ」、I can't guess.を「解《げ》せない」などとおぼえた記憶があります。なおanchorは「（船の）いかり」、angerは「怒り」で、日英とも音が似ています。

「ならぬかんにん、するがかんにん」ということわざをもじって、「ならぬcunningするがcunning」と実例で「ずるい」という意味を表わしたり、「お土産（みやげ）もって、ごぶサタディ（Saturday）」などと駄じゃれをいったり、「ヤシ茂るここは（cocoa）お国を何百里」などと軍歌と川柳《せんりゅう》のカクテールみたいなものもあります。

(3) 生兵法《なまびょうほう》は大けがのもと

カツオ! カツオ!

こんな話があります。かつてオリンピックがローマで開かれた時のこと。このとき、日本選手の活躍は目ざましく、とくに水泳では金メダルを獲得し、日の丸の旗を何度も南ヨーロッパの空高くかかげたのでした。中でも、高石勝男《たかいしかつお》選手の奮戦ぶりは、たいしたもので、いくつもの競泳に得点を重ねていきました。氏が出ると、とくに、イタリア人たちは、

「カツオ! カツオ!」

と熱狂的な声援をおくりました。カツオというのは、イタリア語では penis という意味です。これがアメリカ人なら、Mr. Banana とか、Mr. Midleg とか、Miss Cabbage という名前を聞けば吹き出すことでしょう。

その晩、ローマの大ホテルで、各国選手歓迎の大夜会がもよおされました。この歓迎の中心が、いくつもの世界記録を立てた日本の水泳陣であったことは言うまでもあ

りません。話は、やがて、「どうして日本の選手はこんなに強いのか」という当然の質問になりました。「いったい、どんなものを食べているのですか」

その時、日本人の一人が、たまたま、遠路持参したインスタント食品を見せてこう答えました。

「では、私はこれから、われわれの秘密を公開するであろう。これを見よ。これはわれわれが、カツオブシと呼ぶところのものである。すなわち、カツオをほしかためたところからの命名である。紳士ならびに淑女諸君、われわれは、これをけずって食べるのである」

さらに連想の誤りということもあります。たとえばこんなふうな――。

「どうぞ」と「ありがとう」に当たる言葉を知っていれば、世界中旅行できると言いますが、あるアメリカ人が、Thank you. にあたる日本語は「アリガトウ」だときいて、アリゲーターとおぼえたのです。alligator――つまり、ワニのことです。

ところが、人間、いざ、という時になると、アガってしまうことは、目の青い黒いには関係ありません。しばらくしてからやっと、あの熱帯動物のことを思い出したそのアメリカ人は、あいきょうたっぷりにこう言いました。

「おお、クロコダイル」

クロコダイル（crocodile）も、やはり、ワニという意味であります。

(4) 合理的な単語の記憶法

dictionary＝「字引く書なり」式記憶法の長所・短所

「記憶術」にもあるように、何かをきっかけにしておぼえると、おぼえやすく、忘れにくい。とくに似たものからの連想は、単語をおぼえるきっかけになります。すでにあげたしゃれ博士の日本語をひっかけておぼえる方法も、この中にはいります。けれども、そんな例は限られたものです。こじつけられないものの方が圧倒的に多く、また発音がひじょうにくずれます。

dictionaryと「字引く書なり」とでは発音はまったくちがいます。『吾輩《わがはい》は猫である』の中の、Do you see the boy？をズウズウシイゼオイというようなのは、ほんとうは、発音がまったくちがうから、しゃれにはなりません。

森鷗外《もりおうがい》はなぜ外国語ができたか

穴をホールからholeなどというおぼえ方は、ちょっとおもしろいが、けっきょくそれだけのことでしょう。偶然、発音がちょっと似ている（同じではないので、不正確な知識のもとになる）くらいのことで、たいしたよりどころにもなりません。

もう少し科学的なおぼえ方はないものでしょうか。

森鷗外はえらい男で、十代で大学を出、二十代で医学博士になり（むかしはひじょうにむずかしかった）、医学者としても一流で、外国で発表した研究にヨーロッパの学者も舌をまきました。文学者としてはもちろん一流です。その上、外国語にもたんのうで、『即興詩人《そっきょうしじん》』などは、アンデルセンの原作以上といわれています。彼はヨーロッパ語の大もとであり、また、ヨーロッパ語に大影響を与えたラテン語をわが物とし、これと関連づけて、勉強しましたから、いくつものヨーロッパ語が早くおぼえられたといいます。

鷗外ほどにはもちろんいかなくても、いくらかでも語源的な知識があると、単語はおぼえやすく忘れにくいものです。つまり、より科学的です。とくに日本人は、そういう興味は強いのですから、こういう方法を利用すると効果的ではないでしょうか。

あそびながら単語をおぼえる法

日本人は聴覚型でなく視覚型ですから、単語帳を使ったりして、目から、文字によって、単語を記憶するのは、じつは得意なのです。国語の勉強というと書取りだと思っている子がかなりあるくらいで、英単語のつづりぐらい覚えるのは、じつはそんなに骨はおれないのです。また、単語についての視覚的な興味もじつにいろいろもっています。私がラジオやテレビ放送をやっているせいか、よく質問がきますが、「英語の中でいちばん長い単語は何ですか」（一六〇ページを参照）とか、「タケヤガヤケタ式に、前から読んでも後ろから読んでも同じ文句はありませんか」とか、「おもしろい単語遊びを教えてください」というような質問を、よく受けます。そうして、さかさに読んでも同じ文句（palindrome）の例として、ナポレオンの Able was I ere I saw Elba.（ちんはエルバ島を見るまでは力ありき――荒涼としたエルバ島へ流されたら、さすがの英雄もカクンときてしまった。その時の落胆の言葉だそうです。フランス人なのに英語で言うとはおかしいですね）だとか、Madam, I'm Adam.（マダム、ぼくの名はアダムだ。――おぼえておけ）だとか、No lemon, no melon.（レモンくれねば、メロンはやらぬ）だとか、おもしろがっておぼえます。

あるいは、つづり字をいろいろに並べかえて、新しい意味を見つけたりする遊び（anagram）をおもしろがります。たとえば、live を並びかえて evil（邪悪な）や vile（ひどく悪い）をさがし出して、「生きるとは悪いことじゃ」などといっておもしろがったりするわけです。

sweetheart（恋人）――There we sat.（そこに君とぼくとはすわった）の「そこ」とはどこだろうと考えてみたり、astronomer（天文学者）とは、なるほど moon-starer（月を見つめる人）じゃわいと感心したり、米詩人 Henry Wadsworth Longfellow は Won half the New World's glory.（新世界の栄光のなかばを得たり）、Florence Nightingale は Flit on, cheering angel.（とび行けよ、激励の天使）と、深い興味をおぼえるはずです。あなたも、自分の名をローマ字つづりにして、何かないかな、といろいろ並べかえてごらんなさい。

接頭辞によるもの

よく出てくる接頭辞や接尾辞をひと通り知っているだけで、あなたの単語の知識は

ぼくはすわった」ということになる。

かなりふえ、まとまり、応用がきくでしょう。

たとえば、un- が形容詞について unable（できない）のように否定を表わすことは、たいていの人が知っていますが、動詞について反対の方向へ強まることは、知らない人もいるのではありませんか。たとえば tie は「むすぶ」ということですが、untie は「むすばない」ではなく、「ほどく」です。こうしてやっと「安泰になる」のだと駄じゃれを言う人もあります。unbutton（ボタンをはずす）や、un-lock（かぎをはずす）など、みんなこの中にはいります。

また un- と同じ意味なのに in- だと、あんがいわからない人がいます。incessant など「cease（終わる）しない」のだから、「絶え間のない」ことなのに、in- が un- だったらわかったのだが、と残念が

恋人という単語をバラバラにくずし、ならべかえると、「そこに君と

る人がいます。

もちろん in- は「中に」という意味がもとであります。たとえば include「含める」、income「収入」など。ところが発音のぐあいで im- になると、もうわからなくなる人もいるようです。impotent（無力の、交接不能の――なお女性の場合は frigid です。）は「否定」の意ですし、imply（包含する）は「中に」の意です。

ab- となると知らない人の方が多いでしょう。ab- は「…から離れて」の意です。abnormal といえば「定規（ノルマ）から離れた」「ノーマルでない」、つまり「変態の」ですし、absence は「離れていること」だから「欠席」です。会社や学校や家庭から離れていることです。

col-, con-, com- が「共」（together）だとわかると、

collection（採集）などなんでもなくわかるし、colleague も「（仕事のために）自分と同時に選ばれた者」で「同僚」だとわかるでしょう。composition も「いっしょにくっつける」から、「組立て」「作文」「作曲」「混合物」「植字」が生まれてくるわけ。concord も cor が「心」とわかれば、「同じ心になること」で、つまり、「一致」「和合」ということになります。condense が「凝縮する」でなかったら、condensed milk などできますまい。

dis- は「打消し」また「反対」です。disagree は agree しない、つまり「一致しない」です。dis- はまた「のぞく」（away）の意があります。cover（おおい）をとりのぞくから、discover は「発見する」でしょう。dismember の member は、「身体の一器官」つまり「手足」のことです（例　virile　member「男根」）。そして、dismember は、手足を切り放すこと。バラバラ事件を連想してください。

bene- は「よい」、male- は「悪い」です。だから、benevolent は「善意の」で malevolent は「悪意の」です。vol- は意志です。volunteer は「自分の意志で参加した人」、たとえば「義勇兵」です。involuntarily は「いやいや」です。

mis- は「誤」か「悪」「否」ですから、誤ってとったら mistake ですし、misconductは「不行跡」です。

pre-は「前」、post-は「後」です。preventは「前に行く」、つまり「妨《さまた》げる」。prepareは-pareが「そなえる」ですから、「前もってそなえる」で「準備」する。pregnantの後半は「生まれる」ですから、「生まれる前」で「妊娠している」。matureのmatureは「熟した」ですから、「時期以前に熟した」で、「早熟な」。pre-sideのsideは「すわる」ですから、「皆の前にすわる」で、「司会する」「統轄する」、これからpresident（大統領、頭取、社長、総裁、総長）ができています。

p.m.はpost meridiem「正午の後」で「午後」、postwarは「戦後」です。選挙の郵便戦ではありません。

anti-は「反…」、super-は「超…」、semi-は「半…」です。また「空気…」はaero-よりもair-が行なわれています。anti-の例では、anti-saloonは「酒商売に反対の」、super-はおなじみのsuperman「超人」や、supernatural「超自然の」などがあります。semi-からsemistar「二流の俳優」などができます。air-からはairline「空輸会社」、airman「飛行家」、airview「航空写真」、airconditioned「換気装置をほどこした」などができています。

近ごろアメリカ語にnear-「…まがいの」をつけた語がはやってきました。near-beerは「(法定率以下の)まがいビール」ですし、near-leatherは「模造の革」、near-silkは「人絹」です。

一、二、三、四、五……

数を示す接頭辞もおぼえておくと、いろいろ便利です。mono-は「一つ」ですから、しばしば「単…」となります。「単調な生活」などという、その「単調」はmonotonyです。mono+tone(調子)ですから、こういう訳語が生まれたのです。ついでに「単調な」はmonotonousです。「ある一つのことばかりに夢中になる状態」、つまり「偏執狂《へんしつきょう》」はmonomaniaです。復讐《ふくしゅう》の念にもえたハムレットなども、ちょっとmonomaniacなところがありますね。そのハムレットは、「ながろうべきか死ぬべきか」などという独白をいくつかやります。この「独白」は、つまり「一人でしゃべる」のですからmonologueです。こうなるとmonopolyなども見当がつくでしょう。-polyが「売る」とわかれば、「他人にはやらせず自分一人で売る権利」、つまり「専売」「独占(権)」ということですね。

monosyllable が it や dog のような「単綴語《たんてつご》」、monotheism がキリスト教やマホメット教などのような、神はただ一つであるとする「一神教」、monogamy が「一夫一妻主義」であることもわかります。ところで、おもしろいのは monk（修道士、僧）でして、これも mono- に関係があるのです。つまり「独《ひと》り住む者」という意味です。ほかの連中を代表してモンクをつける荒法師ではなさそうです。発音も「マンク」です。

du- は「二」です。duet が「二重唱」で、dual が「二重の」、double が「二倍」であることがこれでわかったでしょう。duel が「決闘」なのも二人でやるからです。しかし doubt（疑う）やその形容詞 dubious（疑わしい）が「二」と関係があることには、ちょっと気がつかないでしょう。これは、こちらがいいのかな、それともあちらがいいのかなと、「(二つの方角の間をあっちへ行ったりこっちへ来たりして) 疑いまどう」ことなのです。diploma「卒業証書」だって「二」と関係があるのです。「二つに折り重ねられた紙」ということだからです。あまり小さくては何となく値うちがありませんものね。

two でわかるように、tw- のついたのも「二」を表わします。twin が「双生児」で

文句をいうから修道僧ではない。

「ひとり住むもの」という意味。
発音もマンク。

あることは、すぐわかるでしょう。between「二つのものの間」を表わすことも、これではっきりしましたね。「たそがれ」「薄明かり」の twilight も、「二つの光↓どっちともつかない中間の光」ということです。『トム・ソーヤの冒険』などで名高いアメリカの作家マーク・トウェインは前にミシシッピー川の水先案内をやっていましたが、水の深さを「一ひろ、二ひろ……」とはかっていました。マーク・トウェインはそれから来たペン・ネームで、Twain は「二ひろ」という意味です。

tri- は「三」です。といえば triangle「三角形」(angle は角です)だの、eternal triangle「三角関係」まで思い浮かべるでしょう。「三人組」のtrio,「三倍」のtripleなどもわかります。

ここにおもしろいのは、「種族」の意のtribeです。むかしローマ人を分けて所属させた三つの集団の一つを、このように呼んだからです。「ささいな」「つまらない」の意のtrivialもよくごらんなさい。「三」と関係があります。-viaは「道」でしょう。つまり「三本の道が出あう所」ということでした。こういう誰もが集まる場所は、概して「ありきたり」で「つまらない」でしょう。それで、こういう意味になったのです。

quad-, quat-が「四」です。quarterは「四分の一」で、一時間の四分の一の「十五分」もそうです。quarterly「年四回の刊行物」、quartet「四重奏」なども容易に想像できるでしょう。quadrangleは-angleが「角」ですから「四角形」です。大学などの建物にかこまれた「中庭」などがこれです。略してquadといいます。「四人ずつ組んで踊る古風な一種のスクェアダンス」のことを、quadrilleということはご存知でしょう。

pen-は「五」、hex-は「六」です。pentagon（五角形）、hexagon（六角形）やpentagram「五角星形」などは容易に想像できましょう。

sept- が「七」です。こういうと、ではなぜ September は七月でなくて九月なのか、と疑問をもたれるでしょう。古代ローマでは March が年の始めであったのが、後に January と February が前に加えられたため、順送りになったのです。ついでに申しますと、July は Julius Caesar の生まれ月（五月）を、August はローマの初代の皇帝 Augustus の生まれ月（六月）を記念したものです。これらも二カ月ずつ後へずれました。

oct- は「八」です。元来八月の October が十月になったのも、前に述べた理由です。octopus「たこ」は足が八本あるところから来たもので、-pus は「足」です。

nov- が「九」であることは、そのつぎの月 November からわかるでしょう。二カ月のずれさえなければ、当然九月なわけです。

deca- は「十」です。これがはっきりすれば decade（十年）を二十年だの百年だのと誤ることはないでしょう。December が十月から十二月になったのは、いま述べた理由によります。

さて、あなたは、ボッカチオの Decameron（『十日物語』）をご存知でしょう。これは疫病が流行したため、いちばんひどかった十日間、どこにも行かずに過ごすために、フロレンスの人たちによって語られたからといわれています。ああいう、風流譚《ふうりゅうたん》と疫病とは、ちょっと結びつけて考えられませんね。

cent- は「百」です。ですから century が「百年、一世紀」であり、centigrade が「百度に目盛りしてある摂氏の寒暖計」であるわけです（grade は「度盛り」です）。centipede は「むかで」です。pede は足のことです。むかでのことを「百足」とも書くのも、語源的には理由のあることですね。

接尾辞によるもの

-fy, -ize が、「…化」する意であることは学校で教えてくれます。beautify（美化する）、civilize（文明化する）など。

-er, -or, -ar が「…する人」であることはだれでも知っていますが、「機械」や「装置」の場合もあります。heater, lighter, tractor など。ほかに、普通の名詞を表わすこともあります。アメリカのスラングで、eye-opener（朝寝起きにひっかける酒、目をみはらせる大事件など）、eye-winker（つけまつげ）など、おもしろいでしょう。kisser

（米、卑俗）は「口」という意味です。もっとも ass kisser（米、卑俗）は「出世のためには目上の人の ass（「尻」の卑俗）にキッスでもする人間」というので、ass polisher とともに、「人間」を表わしています。資本主義社会の立身出世主義は、こんなスラングを生んだわけです。

-ment が語尾につくと、名詞になり、-ly がつくと副詞になると、いちおうは言えますが、supplement には、「補う」「追加する」という動詞もありますし、compliment「お世辞を言う」という動詞もあります。

comely も -ly はついていますが「みめ美《うるわ》しい」の意の形容詞です。ugly（みにくい）、homely（ぶきりょうな）も、みな美醜に関係のある語です。

-ship は「職」「資格」「性質」などをあらわします。friendship は「友人の船」ではなくて「友情」、seamanship も海員の「船」ならぬ「技術」です。

-ism は socialism（社会主義）のように「主義」ですが、rheumatism は「リューマチ」です。湿気の多いイギリスではこの患者が多く、「rheumatism はすべての ism の中で最も恐ろしい」という痛ましいしゃれがあります。onanism もユダの息子の Onan からきていますが、これを行なったためにオナンはエホバに罰として、いのちをめされました。おそろしや。旧約聖書の創世記三十八章九・十節をお読みください。

-ish は「…性の」のほかに、yellowish（黄色っぽい）のような「幾分…の」を表わします。それから口語で「…ごろ」を表わすこともあります。たとえば、口語で I will call on you dinnerish. といえば、「夕飯ごろお訪ねする」という意味です。-ish は、また polish（みがく）、finish（終わる）のような動詞にもなります。

-en は「…にする」です。たとえば sweeten は「あまくする」、harden は「堅くする」です。enlarge（大きくする）、enrich（豊かにする）のように接頭辞にすることもあります。

scribe は「書く」ということだとわかると、describe の de は down ということですから、「くわしく述べる」「描写する」、したがって description は「描写」、指名手配の犯人などの「人相書」などであることがわかります。indescribable は「描写できぬ」「何ともいえぬ」、beyond description も「描写力をオーバーした」で、美しさなどの形容に使います。

inscribe の in はもちろん「中に」の意ですから、「中に書く」「彫りつける」で、inscription は石碑などの「碑文」です。

ascribe の a- は to の意ですから、「……のせいにして書く」ということから、「……のせいだとする」で He ascribed his success to his efforts.（成功は努力のおかげと彼は言い）のようになります。

prescribe の pre- は「前」ですから「前もって書く」、つまり「（薬の）処方をする」「指図する」、prescription は「処方（箋）」「命令」です。

subscribe の sub- は「下」でしょう。つまり「自分の名前を下に書く」ことから、「（同意して）署名する」となり、「応募する」「寄付する」「予約購読をする」となります。subscriber が「予約購読者」「寄付者」「加入者」で、subscription が「応募」「予約購読」「寄付金」であることもあきらかになりましょう。映画やテレビの台本を script というのもわかるでしょう。二度とあってほしくない「（強制や法律でむりに）兵籍に（書き）入れる」conscript も、聖書（聖なる書物）のことを Holy Scripture というのも、みんなもとは「書く」からきていることがわかります。一を聞いて十五を知ったわけです。

同じように inspire の -spire「いきをする」だとわかれば、この語が「吸いこむ」「鼓吹《こすい》する」「はげます」であることも、inspiration「何ものかを吸いこむ（こませる）

こと」から、「霊感」だということもわかるでしょう。アメリカのスラングに sinspire というのがあります。「人を inspire して罪（sin）を犯させる」ことです。「さぼって映画みようぜ」などという悪友に、sinspire されてはいけません。

expire は「いきがなくなる」で「いき絶える」こと、借金返済などの「期間がつきる」ことや、定期預金などが「満期になる」ことでしょう。これで「死亡」と「満期」の関係もわかったというものです。

conspiracy「共同謀議」「陰謀」はむずかしい語の一つだそうですが、con- は「共」together の意ですから、「呼吸を合わせること」→「考えが一致すること」→「（何かたくらむために）団結すること」と考えれば、ちっともむずかしくなどなくなります。

perspire の per- は、「通して」（through）の意ですから、「……を通して呼吸する」、つまり、「汗が出る」です。これは上品な言葉で人間だけに言うので、馬が汗をかいているような場合には sweat を用います。ヴィクトリア女王（一八一九～一九〇一年）の治世はイギリスが大発展をし、植民地が世界各地に広がった時ですが、同時に階級の区別がますますはっきりし、偽善やお上品ぶりがさかんになった時でもあります。それで Horses sweat, gentlemen perspire, ladies glow. とじょうだんに申しました。

（glow は「ほてる」）

aspire の a- は to ですから、「……の方に向かっていきを吸う」、つまり「熱望する」です。地位だの、学校だの、美人のハートだのを熱望する時には、だれしもその方に向かってはげしく息を吸うからでしょう。aspiration が、「抱負」「熱望」あるいは、昔の人のいう「青雲の志」の意であることもあきらかでしょう。「いきする」ところからまた spirit が「生命」「魂」「元気」「アルコール」と、さまざまな意味をもつようになったことも、これでうなずけるでしょう。

(5) 一を聞いて十を知る法

語源による方法

つぎには、語源による方法です。語源などというとえらそうですが、ほんのちょっとでよろしい。語源の知識があると、今まで気がつかなかった語同士の関係がわかって、おぼえやすく、忘れにくいものです。そうして、その関係をしらべてゆくと文化史的な知識も得られて、はなはだ興味ふかいものです。二、三、例をあげましょう。

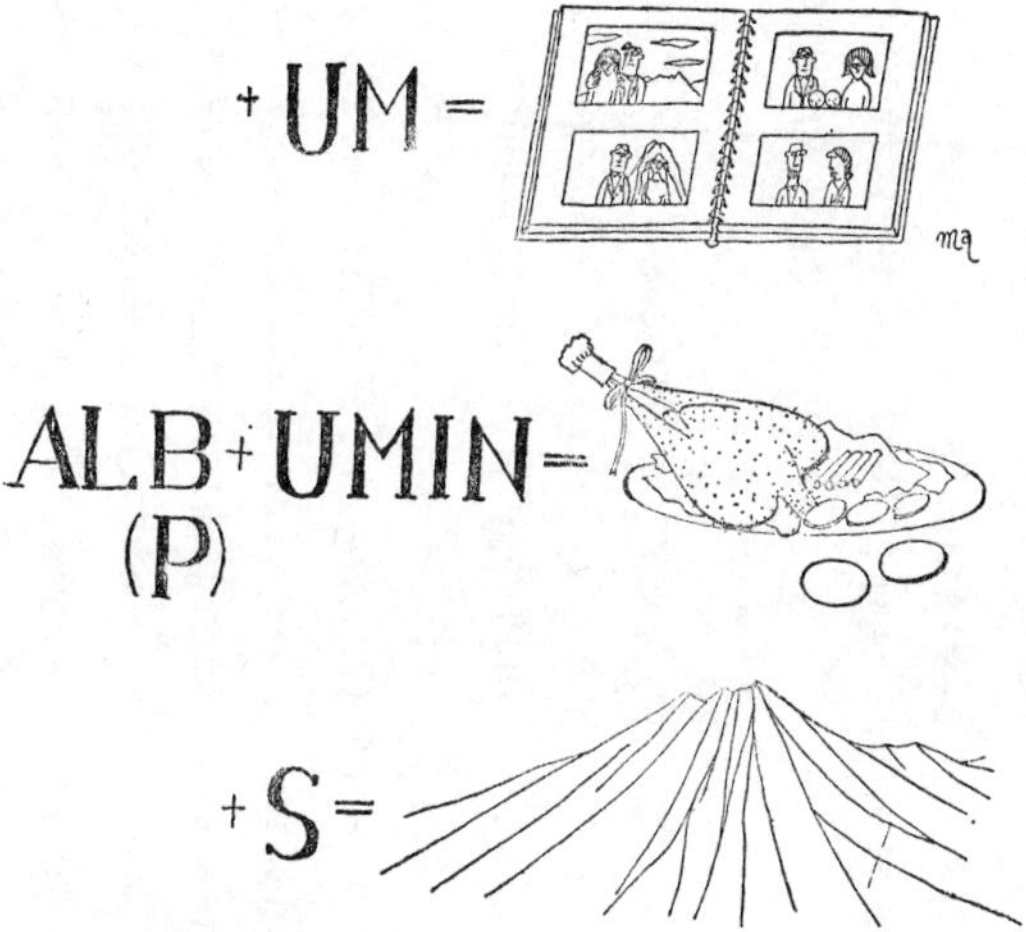

単語をおぼえるには、語源を知るのが効果的である。

アルプスと写真帳と蛋白質《たんぱくしつ》

この三つなどまったく関係がないようですが、アルプスの alp とは「白い」という意味です。だから、白い雪をいただいた峰々ということになります。写真帳、アルバム（album）の alb（pとbとは同じくちびるの音だから、よく一つになる）も「白」です。ブランクの所へ、とった写真をつぎつぎにはるところからアルバムというわけです。とすれば、あまり知らない albumin にしても、alb から蛋白質と名づけたのだな、と見当がつきます。

イギリスというと、霧の多い、どんより曇った印象をもつ人が多いでしょうが、南海岸は白堊《はくあ》質《しつ》です。そのむかし、ジュリアス・シーザーがイギリスを征服したときにも、ローマの船団が英仏海峡を渡ってゆくと、まずパッと目にうつったのは、この白々とつづく南海岸でした。そこで、詩人でもある彼は、この島国をAlbionと名づけたのです。「白き国」です。日本のことをミズホノ国というように、今でもイギリスの詩的な名となっています。じつにいろいろなことが連鎖的におぼえられるでしょう。Englandにしても Angles'land（アングル人たちの国）が形をかえたものだとわかれば、英米人のことをアングロサクソン（Anglo Saxon）ということも、思いあたるわけです。（サクソン族も、アングル族同様、ゲルマン民族の一つ。）

歯医者とタンポポ

dentistにしても、dentはラテン語densからきていて「歯」の意味、-istは「…する人」の意ですから、歯医者であることがわかります。dentifriceもそのdentとfric-ate（「こする」の意）との結合ですから、「歯みがき」の意であることはすぐわかります。dandelion（タンポポ）もフランス語の dent de lion（tooth of the lion）「ライオンの歯」を英語読みにしたもので、これはタンポポの葉の形がライオンの歯に似ているところから来たものだ、とわかると、歯医者とタンポポの親類関係もはっきりしてきておもしろくなります。ついでに lion は英仏とも同じつづりであることや、lion のもとがラテン語の leo であることまで、辞書を少したんねんに見るとわかってきます。するとロシアの大小説家 Leo Tolstoy の名前もライオンのことだな、と気がつきます。するとトルストイの毛むくじゃらの肖像が、何となくライオンに似てくるから妙です。ついでに、ドイツ語をやっている人はドイツ語の Löwenzahn（タンポポ）もやっぱり「ライオンの歯」だなとわかり、興味はいよいよシンシンたるものがありましょう。

蜘蛛《くも》・紡績・オールドミス

この三つも関係があるようにはちょっと思われないでしょう。ところが spider（くも）は、巣をはるところが、spin（糸をつむぐ）するようだから来ています。また spinster（つむぐ女）は、むかし未婚の婦人は糸をつむいで時間を過ごすのが一般の習わしであったのですが、十七世紀以後には、「未婚の女性」をいうようになったのです。なお、オールドミスは和製英語で、正しくは old maid というべきです。

ついでに和製英語を二、三やり玉にあげましょう。カッコ内が正しい英語です。ポテトフライ (fried potato)、ナイター (night game)、ハムエッグス (ham and eggs)、ライスカレー (curry and rice)、ギャング (一人なら gangster 集団が gang ギャング連、ギャング団はおかしい)、シーズンオフ (off season)、カンニング (cheating)、プロマイド (bromide) など。

俸給・ソーセージ・台皿・ソース

これらも、みな関係があります。これらの言葉の先祖は「塩」なのです。というと「俸給」と「塩」とどんな関係があるか、と思うでしょう。salary はもと salt money の意です。古代ローマ時代に、兵士たちが塩を買うために支払われた手当金から来ています。それが、一般に「給料」の意味に用いられるようになったのです。sausage も sauce も、それをつくるのに「塩」が入用だからで、もとは salt から来ています。teacup の「受け皿」の saucer も、十八世紀に茶をのむ習慣が一般的になる前には

sauce を入れる容器だったのです。

兵隊・シリング・はんだ

soldier（兵隊）は solid（堅い）から来ています。「堅い」のは「硬貨」、「硬貨」は「給料」、給料をもらうのは「兵隊」というわけで、つまり、「給料をもらう目的で仕えるもの」ということなのだそうです。shilling も「堅い」「硬貨」ですし、solder（はんだ）もはんだづけに使うくらいで、「堅い」ことはあきらかです。同じ先祖の solid から、こんなに分かれてくるのですからおもしろいでしょう。

人間・抵当・殺害

mortal の mort は「死」です。mortal は「死ぬべき運命の（もの）」で、いくら寿命が延びても、人間衛星船ができても、やがては死ななければならないから、「人間」の意です。

mortgage の gage は「担保品《たんぽひん》」の意ですから、「失われた担保品」、つまり「抵当（に入れる）」ことです。

murder（殺人）も「死」から出ています。どの上にも死のかげがさしています。抵当に入れたものをとられたのがもとで、人間が殺されるなんて、推理小説の材料になりそうですね。

野心・野戦病院

クラーク博士の有名なことばBoys, be ambitious!（少年たちよ、大志をいだけ！）のambitionが野戦病院または救急車のambulanceと関係がある、といったらおかしいでしょう。しかし、どちらも、「歩き回る」という語から出ているのです。むかしギリシア・ローマでは官職の候補者は自分が有能な候補者であることを人びとに知らせるために、白いガウンを着て歩き回って、投票を求めました。そこで、歩き回ることが野心を意味するようになったわけです。もっとも、白いガウンの下に銀貨やおさつはなかったでしょう。またambulanceは「歩き回る病院」ですから、野戦病院や救急車になったのでしょう。

謝肉祭・カーネーション・肉食動物

これなども cars が「肉」とわかれば、carnal が「肉欲的」、carnivorous が「肉食の」、carnivore が「肉食動物」、carnival が「謝肉祭」、花の carnation は、その色が肉色だからというわけで、みんな「肉」から来ていることがわかります。

雑誌と火薬庫

雑誌も火薬庫も magazine であるのはどうしてか、といいますと、これは、もとアラビア語で「貯蔵する所」という意味でした。それから「倉庫」になり、「火薬庫」にもなりました。いろいろな知識の宝庫というところから、雑誌のことも magazine というようになったわけです。

水浴奇談

fine は、finish とおなじように、もとは「終わり」というラテン語から来ています。「終わり」→「完成した」→「りっぱな」→「晴れた」→「健康な」→「こまかい」→「鋭い」→「微妙な」→「高尚な」といろいろな意味をもつようになりました。強意の接頭辞 re- をつけた refine が「りっぱにする」の意で、それから、「精製する」

「洗練する」などとなることは、じゅうぶん想像されるでしょう。これから refined gentleman（洗練された紳士）などが出てきます。fine weather は「上天気」、a fine lady は「美貌の女性」、How are you?（元気かい）の答えの Fine, thanks. は「おかげで元気だよ」、fine powder は、コーヒーなどの「こまかい粉」、fine skin は「きめのこまかいはだ」です。

それから、fine には「罰金（を科す）」という意味もあります。一見、「みごとな」と関係ないようですが、じつはこれも、「終わり」から来ているのです。つまり、もとは、「借金に終わりをつげる」ということだったのです。それから「清算」、「支払い」を経て、とうとう「罰金」となった、というわけなのです。負債を支払って、貸《たい》借勘定《しゃくかんじょう》を終わらせるところからきた finance（財政、金融）も、これと関係があることがわかります。

さて、とても水がきれいで、遠浅で、どうしても泳ぎたくてたまらなくなりそうな入江のふちに、FINE FOR BATHING という掲示板が立っていました。これを見た若い男女が、さっそく水着一つになってとびこみ楽しそうに泳ぎだしましたところ、まもなく見張りが現われて、そこで泳いではいかん、早くあがれ、とどなりつけました。そして、あがってきた二人に、掲示板を指さしながら、これが目にはいらないのか、さあ、罰金を払え、といいます。二人も掲示板をさして、こう抗議しました。「泳いで、どこが悪いんです。ちゃんと水浴に絶好と書いてあるじゃありませんか」。fine の「罰金」を「みごとな」と誤解したところから来た水浴奇談です。多くの意味をもつ語は、気をつけないといけません。

マグナ・カルタを一つおぼえれば

一二一五年、民衆がイギリス王ジョンにせまって、臣民の権利と自由とを保障する特許状を承認させたことは歴史で習ったはずです。これがイギリス憲法の基本ともいうべき Magna Carta（大憲章）ですが、magna は「大」という意味です。magna のつくものをあげてごらんなさい。magnify は「大きくする」（-ify は「…化する」）、magnifying glass は「拡大鏡」「虫めがね」、magnificent はウェストミンスター寺院のような「壮大な」、magnitude は「大きさ」「光度」、magnanimous は「度量の広い」でしょう。また carta は charta ともつづります。つまり、charter で「特許状」、用船契約で船を借りることも「チャーターする」といいますね。card も chart（海図、

同じ FINE でもいろいろな意味になる。水浴「絶好」と水浴「罰金」の二つの意味がある。

図表）も、みな同じ語源なわけです。

cともchともなっているのはおもしろいことです。cattle（家畜）とchattel（家財、動産）capital（資本）はもとは同じです。大むかしは、牛が財産であり、資本であったことが、これでわかります。

さらにふかくほりさげてcapitalがcaput（頭首）から来ていることがわかれば、都会の頭《かしら》の「首府」も、文字の頭の「大文字」も、仕事でいちばん大切な「資本」も、みんな共通していることがわかります。また captain が、「船長」「隊長」「主将」「新聞のデスクのキャップ」であることもわかります。つづりがちょっと変わっていますが、chief（主要な「人」）や、cape（みさき、ケープ、マント）などが縁つづきであることも、みんなわかります。cape と同じ意味のポルトガル語の capa が日本語にはいって「合羽《かっぱ》」になりました。

語源はバラバラな単語を一つにまとめる

magic「魔法・魔力」はどこからきたでしょうか。キリストが生まれる時、東の国から星をしるべに三人の博士が、おくり物をもってお祝いにベツレヘムへ来た話をご存知でしょう。その三人の博士を Magi（メージャイ）と申しますが、これは「古代ペルシアの僧」という意味です。古代ペルシアの僧たちは魔術のような力をもっていたといわれています。それから「魔法・魔力」の magic が生まれたわけです。マジック・インキなどもこれです。

魅力の charm は、「助けたり、傷つけたりする魔力をもっていたと想像された歌や文句」の carmen というラテン語からきているのです。博識の作家メリメが、自分の小説のヒロインにカルメンという名をつけたのも、なあるほど、と今はじめてわかったでしょう。charmingと同じく、「魅力のある」という意味の語にbewitchingがあります。witchは「魔女」という意味です。今日ではそういう宗教的、秘教的な要素がなくなって、sexciting（性的魅力のある）などというスラングが生まれています。これはsexとexciting（刺激的）をくっつけたことばです。

魔女といえば、ギリシア神話に美しい歌声で、船頭たちをひきよせ、大きな岩にぶつけて難破させては食べてしまうという、サイレン（Siren）があります。ローレライ伝説を思わせますね。これから「美しい声の歌手」になり、「警報器」のサイレンになったわけです。

男の魔法使いwizardはwise＋ard（人）です。何でも「知っている」賢い男、というところからきています。witness（証人・証拠）のwitも「知る」ということで、関係があるわけです。

companionは、com＋pan＋ionでしょう。comは「共に」です。panはパン（フランス語ではpain）です。つまり、「同じパンを分かちあう者」、だから「仲間」「友」なわけです。自分の物は自分の物、他人の物も自分の物、というようでは、「友」はできません。「仲間たち」を集合的にいったものが、company です。ですから、もう一つの意味の「会社」にしても、もともと仲間たちで作ったものなのです。社長の顔を見たことのないような大会社は、もはや company ではないようです。また、そういうわけで、たとえば、ジョンソン商会を、Johnson & Co. というのです。つまり、「中心人物のジョンソンおよびその仲間で作っている会社」という意味です。それをまねて、たとえば「太平洋商会」を Pacific & Co. と書いたような看板を見ますが、「太平洋氏ならびにその一党」というわけで、太平洋変じて社長になってしまいます。

看板といえば、きれいだとほめてくれる、日本語の読めない外国人もおりますが、にぎやかな町を歩いてみると、じつに外国語の看板が多いですね。そして日本語の名前がじつにすくなくてさがすのに骨がおれます。植民地のような感じもします。そして、看板にじつに誤りが多いのです。二、三の人たちに調べてもらいましたら、理髪店（barber）が Bar Beer と酒をのませる店になったり、Baba とアラビアンナイトふうだったり、lipstick（口紅）が hipstick（お尻をたたく棒?）になったりしています。メニュー（献立表）にも多く、ビフテキ（beefsteak）が beefstake と、「杭」を食べさせたり、あまいもの（sweets）のつもりが、sweats（汗）をのまされたのではかないません。食後のくだ物(dessert)が、desert(砂漠)になっているのもあります。中央線の沿線にある広告、エム・プレス・ベッドや、日本語を習いはじめたアメリカ人が、ふしぎそうな顔をしてみていた避暑地、軽井沢《かるいざわ》の看板、WELL COMEや、SAYONARAなども、こまります。

restaurant(料理店)にrestore(回復させる)が含まれていることを知ると、ごちそうを食べて疲労を回復させる所だな、コーヒーや紅茶のように心身をfreshにするrefreshmentと同じような考えだな、とわかるでしょう。

酒場も、法廷も、棒高とびなどの横木も、どうして同じbarなのか、と考えてみましょう。いちばんもとは、具体的な横木です。これはいろいろな場合の仕切りに使うので、客をもてなす食堂などの仕切りの横木から酒場が、そして裁判官の席を他のところと仕切る横木から法廷が生まれたのです。バリケード(barricade)のbarなどもあきらかに仕切りの気持です。

もっとも、「食事」のdietと「議会」のdietは、つづりは同じですが、前者は「生き方」の意のギリシア語から、後者は「顧問会」の意のラテン語で、関係がないようです。単語にも、歴史があるのですから、現在のつづり字だけから判断することは危険です。たとえば、womanはwomb（ウーム、子宮）があるからだ、と説明する産婦人科医がありますが、これはwife（女）＋man（人間）がつまってできた語なのです。むかしは結婚しないでもワイフだったのです。

via San Franciscoというと「サンフランシスコ経由で」ということですが、もともと、このviaは「道」ということです。voyage（航海）も、convey（運ぶ）も、envoy（大使）も、みんな「道」から来ています。

(6) 未知の単語もピタリとあたる

どこかに解決のいとぐちがある

はじめてお目にかかった単語でも、けっして恐れることはありません。その意味を知り、すくなくとも、だいたいの見当をつけることは、困難ではありません。

未知の単語の意味を知るには、接頭辞や接尾辞、語形、語源から推《お》すことです。そして、文章の前後関係や、状況をよくにらみ合わせて、合理的に判断することです。

例をあげてみましょう。

embellishment――これはソーンダイクの頻度表《ひんどひょう》を見ても、あまり使われない、むずかしい単語ということになっています。しかし、じっと見つめていると見当がついてきます。ある学生はこういうふうにして、見当をつけた、と申しました。

「-ment は名詞語尾であることはあきらかです。接頭辞の em- は en- と同じく、『…にする』（make）の意です。bell にちょっと迷いましたが、モーパッサンの『美貌の友』がベル・アミーであることを思い出して、『美しい』と見当をつけました。そこで『美しくすること』だから『装飾』とやったところが、ピタリと当たったというわけです」

concentration も con + center + tion に因数分解できます。「中心に一つに集めること」だから「集中」でしょう。「仕事や勉強に、注意力を集中」しなければ、時間ばかりかけても、労多くして効少ないのです。

英語の単語で、むずかしい部類にはいっている preposterous にしても、pre- は prepare（前もってそなえる→準備する）、prevent（前に来る→妨げる）のように「前」を表わす接頭辞であり、post- は postpone（後におく→のばす）、postscript（後書き→追伸、二伸）、postwar（戦後）などのように「後」を表わす接尾辞であり、-erous は形容詞語尾とわかれば、「一番後に来るべきものを一番最初におく」「前後撞着《どうちゃく》の」「あべこべの」「矛盾した」「ばかばかしい」「とほうもない」の意であることが、はっきりとわかります。

「移民」は migration と一口に片づけますが、「海外へ出かけて行く移民」か、「外国からやって来る移民」かで二つになります。さて、emigrant と immigrant のどっちがどっちだったかわからなくなりそうだったら、じっと接頭辞を見つめてみれば、e- は ex- などと同様 out の意であり、im- は in- と同様「内」ですから、export（輸出）と import（輸入）と同じく、けっしてまちがわないでしょう。

ひげの鑑別法

次の三つのひげ mustache, beard, whisker のどれが口ひげだかわからなくなったとします。そういう時にも、この方法で鑑別します。mustache の mus- は mouth の変形なのですから、これが「口ひげ」です。なお mustaches と複数形をとるのは、まんなかが切れている口ひげです。nostrils なども nos- は nose の変形ですから、「はなの穴」です。

音《おん》の感じで知る法

flutterといえば、鳥がつばさをバタバタやったり、旗がハタハタと風にひるがえる音が感じられるでしょう。英語にはこういう音表象《おんひょうしょう》がかなりあります。はじめて出あう単語でも、音から意味が感じられるほどの音感をもってほしいのです。mutter（ぶつぶついう）、twitter（ぴいぴいさえずる）、chatter（ぺちゃぺちゃ話す）の -er や twinkle（星がピカピカ光る）、gurgle（うがいなどでのどをゴロゴロいわせる）、crackle（火がパチパチはぜる）、sparkle（キラキラ光る）の -le からは、くりかえされる運動が感じられるでしょう。また bang からはバタンと戸を閉めたり、ズドンと銃弾を発射する音が、slap からはピシャリと叩《たた》く音が、smack からはチュッというキッスの音が、短く鋭く、聞こえなくてはいけないでしょう。

意味は知らなくとも、川が undulate するといえば、何かゆうゆうと蛇行《だこう》していく感じがし、whisper といえば、たとえば恋人どうしの、ヒソヒソとささやく感じがわかるでしょう。clang, clong, cling と鳴る三つの鐘の音の大きさは、口の開きにしたがって、大中小となるでしょう。

海の詩の一行に、

　Break, break, break.

とあれば、ドドッ、ドドッ、ドドッとよせてはくだける波の音が聞こえなくてはなりますまい。

子供の言葉で、cis-cis（sis-sis）や pee-pee といえば、オシッコ（number one ともいう）の音表象ですし、ca-ca や poo-poo といえば、ウンチ（number two ともいう）のことです。

　こうしてみると、単語が生きている、いや、英語そのものが生きていることが、いよいよはっきりと感じられてくるでしょう。

米英用語のちがい

　十九世紀のイギリス作家チャールズ・ディケンズはまた、話のうまい人で、アメリカ講演旅行に一度ならず出かけていますが、その『アメリカ覚え書』の中で、アメリカ人が right away（いますぐ）というのをきいて、はじめはちょっとわからなかった、と書いています。イギリス人なら、just now というところです。十九世紀で、すでにそうですから、その後、米英でちがう語がかなり生まれたことは想像できるでしょう。とはいえ、両国民がそれをきいて互いにわからないほどではありません。アメリカでは秋のことを fall ともいいます。これも either, neither をイーザー、ニイザーという発音などと同様に、先祖のピルグリム・ファーザーがもちこんだものです。本国ではその後 autumn やアイザー、ナイザーがこれにかわって多く行なわれるようになりました。しかし、新世界の方は昔のままに、古い英語を残しているわけです。よく shop は英語で、store は米語というようにいう人もありますが、それではイギリスでは store は用いず、アメリカで shop は用いないかというと、そんなことはありません。ただ shop はつくる所、store は作ったものを売るところといった違いはあります。department store (百貨店) では、機械でものをつくりはしないでしょう。またきれいな髪にしてくれるとこやを、barber's store とはいわないでしょう。

まあ、「難波《なにわ》のあしは伊勢《いせ》の浜おぎ」ということもありますので、米英でちがうものを少し例にあげます。

卒業のことを英語では graduation といいますが、米語では commencement といいます。これはもともと「始めること」の意味ですが、学校を出ることに、終わりよりも将来の活動の開始を感じるところに、アメリカらしい生命の躍動が感じられます。

大学や中学の一年生、二年生、三年生、四年生は英語では first-year student, second-year student, third-year student, fourth-year student のようにいいますが、米語では freshman, sophomore, junior, senior といいます。そのほか、薬屋はイギリスは chemist ですが、アメリカは druggist です。アメリカには drug-store が多く、薬のほか雑貨、小間物、新聞雑誌も売っていますし、よくちょっとした軽食ぐらいとれる部屋がついています。八百屋はイギリスでは、greengrocer ですが、アメリカでは vegetable man です。この「…man」という便利な造語法はとくにアメリカで発達しています。Keyman 電報通信手（英 telegraphist）、cowman 牧畜業者（英 stock breeder）のように。イギリスの lift はアメリカでは elevator です。日本のエレベーターはアメリカ式ですね。駅の赤帽は red cap と、そのままです。この方がイギリスの porter よりわかりやすいですね。砂糖が原料の菓子はイギリスは sweet ですが、アメリカは candy です。日本は、これもアメリカ式です。とこや（店）は barber's shop とイギリスでは言いますが、アメリカでは 's をとった barber shop です。同じように、食料品店もイギリスの grocer's shop に対し、アメリカは grocer shop です。鉄道はイギリスはrailwayでアメリカはrailroadです。手荷物はイギリスはluggageで、アメリカはbaggageです。

アメリカ人はCivil Warといえば南北戦争と思うでしょうが、イギリス人なら、あのチャールズ一世と国会との戦争と思うでしょう。一階はアメリカではfirst floorなのに、イギリスではground floorです。二階はアメリカはsecond floorで、イギリスはfirst floorで、一つくいちがいます。日本はアメリカ式なわけです。cornといえばアメリカではとうもろこしをまず考えます。イギリスでは穀物類、とくに小麦を連想するでしょう。

これはわずかな例ですが、このように両国で用語がちがうものが多く、今後もいよいよ多くなるでしょう。同時におたがいの影響——とくにアメリカからイギリスへの——も濃くなっています。発音の場合と同じように、両者のちがいばかり気にしないで、むしろ、似たところや、一致しているところが、はなはだ多いのに安心しましょう。日本人には、どうも、むずかしい言葉づかいが好きであるのと同じように、こういう点を気にしすぎる傾きがあります。

ルール7　接頭辞、接尾辞を因数分解すること。

ルール8　語源を覚える。アルプスもアルバムもアルブミン（蛋白質）も共通の先祖は「白」である。

ルール9　chatter はペチャペチャ、smack はチュッと、音の感じによってとらえる。

4 やさしい言葉がきらいな日本人

(1) やさしい単語こそ、むずかしい

ハーンの批評

ラフカディオ・ハーン（小泉八雲《こいずみやくも》）は、熊本《くまもと》の五高（旧制）で英語を教えた経験を「九州の学生」という文章に書いています。その中で、日本の学生は、小さい言葉より大きい言葉を好み、短い平易な文章よりも、長い複雑な文章を書く傾向がある、と指摘しています。そして、これは訳読に比較的むずかしい書物を用いるためだろうと言っています。ハーンのこの観察は、はなはだ鋭く、学生にかぎらず、日本人一般のもつ欠点を、ズバリとついていると思います。

祝辞とかおおやけの席でのあいさつなど聞いていると、じつにむずかしい、そのくせ少しも実感のこもらない美辞麗句《びじれいく》が多いのです。これは、つまり、むずかしい言葉が、美しくりっぱなものであり、聞く人びとを感心させるという誤解から来ているのでしょう。裏を返せば、自分が劣っていることを、なんとかしてごまかし、えらそうに見せたいという、劣等意識（インフェリオリティ・コンプレックス）なのです。イソ

ップの、くじゃくの羽をつけたからすの話を思い出させます。そして、こういうからすは、ずいぶん多いようです。

exaggeration と sound とどちらがむずかしいか

こうきいてみると十人が十人 exaggeration の方がむずかしいと答えます。しかし、これは、「誇張」という訳語一つ知っていれば、たいていの場合にすむ。ところが sound のほうはそうはいきません。「音」のほかにいろいろな意味があるのです。A sound mind in a sound body. の sound mind は「音のする精神」だの、「打てばひびく心」ではありません。Sound は「健全な」です。「健全な肉体に宿る健全な精神」の意味のことわざです。

それだけではないのです。名詞はしばしば動詞になりますし、具体的なものはしばしば抽象的な意味をもつようになります。「音」「ひびき」から「音がする」「ひびく」という動詞ができますし、それはさらに「……のようにひびく」「……に聞こえる」「思われる」と抽象的な意味をもつようになります。His story sounds true. は「彼の話はもっともらしく思われる」という意味です。Sound をこういうふうに使いこなせる人はかなり英語がじょうずな人といってよいのです。

「健全な」から「十分な」という意味も生まれてきます。a sound sleep は「十分な眠り」、つまり「熟睡」です。かならずしもグウグウという音響をともなわないでよいのです。

あるいはまた「(海の深さなどを) 測量する」という動詞もあり、それは転じて外科で「(探り針で) さぐる」という意味にもなり、さらに抽象的な「……の意中をさぐる」という政治家のやるようなことにもなります。そのほか Puget Sound (アメリカ・ワシントン州の北西部の細長い複雑な湾) のような「湾」や「海峡」の意味もあります。

こうしてみると、ほんとうは、一見やさしい sound のほうが exaggeration よりもずかしいことがわかります。なぜ、ろくに使いもしない big words ばかり追いかけて、よく使う small words をすてかえりみないのでしょう。基本語のいろいろな意味と用法とをマスターなさい。その時、あなたの英語の力はグッと進みます。

(2)　基本語をフルに活用すること

やさしい単語を使いこなすこと

「機械のぐあいがわるくなった」という意味を英語で言おうとすると、たいてい、「ぐあい」に、conditionという語をあてて、何とかうまく言おうとする。This machine does not work well. のように、動詞workを使って、やさしく英語らしく言う人はじつに少ないのです。

とくに、be, have, do, come, go, get……といった基本動詞（と、それらが前置詞や副詞と結びついた句）は、ひじょうに使用の範囲がひろいのです。うまく使えば、じつにいろいろなことが表現できます。

doという単語のつかいかた

まず、中学一年のはじめに習うdoをとってみましょう。「なあんだ、〝なす〟じゃないか」と軽くかたづけるわけには、いかないのです。次にあげる文章は、理屈ぬきでそのまま、まる覚えしてください。文法などはあまり気にしないでください。一日一つでもいいでしょう。あなたの英語の表現力は急に上達します。

▲ The car is doing 60 miles an hour. クルマは時速六十マイルでとばしている。

▲ We did the British Museum. 私たちは英国博物館を見物した。

▲ He is doing well at school. 彼は学校の成績がよい。

▲ That will do. それでよろしい。

▲ How is your brother doing? ご兄弟はいかがお暮らしですか。

▲ Take it easy, Miss. This dog does not do you harm. お嬢さん，ご安心なさい。この犬はあなたに食いついたりなんかしませんよ。

▲ The maid will do your room. 女中がおへやを掃除しましょう。

▲ She is doing flowers. 彼女は花をいけている。

▲ I must do tomorrow's lessons. 明日の課業の予習をしなくちゃ。

▲ Do (up) your hair quickly, Jane. We have some guests this afternoon. 早く髪をゆいなさい，ジェイン。おひるからいく人かお客様があります。

▲ I am not good at doing sums. 私はどうも計算が弱くてね。

▲ “I like my meat well-done.” “I prefer it underdone.”「肉はよくやいたのがいい」。「あたしはあまりやかないのがいいわ」。

▲ I have nothing to do today. 今日はひまだ。

▲ What can I do for you? 何かご用ですか。

▲ The summer vacation is nearly done. 夏休みはほとんど終わってしまった。

副詞や前置詞をつけると、もっとできます。

▲ This will do well for a bed, you see. これで十分ベッドのかわりになるよ。

▲ I can't do without you, darling. あなたなしではいられないのよ。

▲ He can be done very well without. あんな男なんかいなくても，けっこうやって行ける。

▲ I am done for. まいった。

▲ You will do well to take this pill. この丸薬をのんだ方がいいですよ。

▲ I have nothing to do with her. 私はあの女とは関係ない。

▲ I have done with my supper. 晩の食事はすませてしまった。

▲ This sort of thing must be done away with. こういうことはやめなくちゃ。

haveという単語のつかいかた

次にhaveというやさしい単語をつかって、あなたの知らない表現をお教えしましょう。これもそのままおぼえましょう。役に立つことうけあいです。

▲ He has three books under his arm. 彼は本を三冊かかえている。

▲ A clock has two hands. 時計に針が二つある。

▲ I won't have lunch today. I'm too busy. 今日は私は昼食はぬきます。忙しいのだ。

▲ I haven't had a bite today. 今日はまだ一口も物を食べてない。

▲ Won't you have a cup of tea? お茶を一ぱいあがらない？

▲ I'm going to have a swim in this pool. このプールで一泳ぎしよう。

▲ I have a word with you. 君にちょっと話がある。

▶ Please let me have a good answer, Jane. よい返事をきかせてください，ジェインさん。

▶ She is having a baby. 彼女はおなかが大きい。

▶ Did you have a good time? おもしろかったかい。

▶ We shall have a hard time. 不景気になるぞ。

▶ I'm afraid we shall have rain this evening. 夕方雨が降るよ。

HAVEという基本動詞を十分に使いこなすこと。

▲ Let's have a game of mahjong, shall we? 麻雀をやろうよね。

▲ He likes to have the bath too hot. あの男は熱い湯にはいるのが好きだ。

▲ She has a way with young men. 彼女は若い男を扱うのがうまい。

▲ We have had lots of visitors today. きょうはお客が多かった。

▲ I had my picture taken. 写真をとってもらった。

▲ He had his left arm broken. 彼は左の腕を折られた。

▲ I had my house built. 私は家を建てさせた。

▲ Now I have it. これでわかった。

▲ The rumor has it that he is very ill. 彼がとても悪いといううわさがとんでいる。

▲ She has sunglasses on. 彼女はサングラスをかけている。

▲ You don't have to go. 君が行くことはないよ。

▲ You have only to press this button. このボタンをおしさえすればいい。

▲ You had better go yourself. 自分で行ったほうがいいよ。

do と have の次には get というやさしい単語の効用をお教えしましょう。こういった英語をおぼえると、むずかしい単語をおぼえる必要がなくなるのです。

▶ She gets a good salary, that typist. いい俸給をとっているよ，あのタイピストは。
▶ Where did you get this cigar? この葉巻どこで手に入れたの？
▶ Please get me a place. どうか勤め口を見つけてください。
▶ I got this book for 100 yen. この本を百円で買った。
▶ God knows how I got home. どういうふうに家へ帰ったかわからない。
▶ We shall soon get to Haneda. まもなく羽田に到着いたします。
▶ You can't get back before dark. 明かるいうちにはもどれない。
▶ He got among gamblers. ばくち打ちの仲間にはいった。
▶ We couldn't get across the river. 川が越せなかった。
▶ He couldn't get near his house. 自家へ近づけなかった。
▶ Get away with you! さっさと出てゆけ。
▶ I couldn't get out of the work. 仕事が抜けられなかった。

▲ How far did we get at our last lesson? この前の時間にはどこまで進みましたか。

▲ No school today, get me? きょうは授業なし，わかったか。(=Do you get me?=Do you understand me?)

▲ The days are getting longer. だんだん日が長くなる。

▲ She soon gets red (in the face). 彼女はすぐあかくなる。

▲ I got wet through. びしょぬれになった。

▲ He will soon get well. まもなくなおるだろう。

▲ I got dead tired. すっかり疲れた。

▲ You'll soon get used to your new life. 新しい生活にもじき慣れるよ。

▲ We got talking about books. 私たちは本のことを話し始めた。

▲ I don't want to get married. 私は結婚なんかしたくない。

▲ He got paid off. 彼は給料をもらって解雇された。

▲ He got mixed up in the affair. 彼はその事件にまきこまれた。

▲ Go and get your hair cut. 散髪しておいで。

▲ Get the car ready. クルマの用意をしなさい。

GETという動詞もいろいろな意味に使える。

▶ I couldn't get my book back from him. 彼から本を取りもどせなかった。

▶ Please get that picture down. あの絵を（壁から）おろしてください。

▶ How is he getting along on his small salary? わずかの給料でどうしてやっているのだろう。

▶ They are getting along very well. 彼らはたいそう仲よくやっている。

▶ Get along with you! さっさと行っちまえ。

▲ I could not get at her meaning. 彼女の意味（真意）がのみこめなかった。

▲ Nobody could get at the ceiling. だれも天井にとどくものはいまい。

▲ He got a bird into the cage. 彼は鳥をかごに入れた。

▲ He got me into a trouble. 彼は私に迷惑をかけた。

▲ Mere argument will get us nowhere. 議論しているだけではなんにもならない。

▲ We couldn't get her to speak. 彼女に口をきかせることができなかった。

▲ Pressmen could get nothing out of him. 新聞社の連中は彼から何も聞き出せなかった。

▲ The caravan got over a river. キャラバンは川を越えた。

▲ I got to like her. 彼女が好きになった。

▲ We could not get round her to join. 彼女を説きふせて参加させられなかった。

▲ They got under the riot. 暴徒は鎮圧された。

▲ You have got to pay your debt. 君は借金を払わねばならない。(have got は口語＝have)

go という単語のつかいかた

goといえば「行く」と答えるでしょう。ところが、それ以外にも便利な使い方があります。めんどうでもすこしずつおぼえてください。

- ▲ I'm going to my office. 私は会社へ行くところだ。
- ▲ I must be going now. もうおいとましなくてはならない。
- ▲ My headache has gone. 頭痛がなおった。
- ▲ Winter is gone. 冬はすぎた。
- ▲ He is dead and gone. 彼はもうこの世にない。
- ▲ The chimney will go any moment. あの煙突はいつ倒れるかわからない。
- ▲ My watch doesn't go well. 私の時計はぐあいが悪い。
- ▲ Bang went the door. バタンとドアが閉じた。
- ▲ He went mad. 彼は気が狂った。
- ▲ Ham went bad. ハムがくさった。
- ▲ The baby has gone to sleep. 赤ん坊が眠った。

▲ Let's go to bed, darling. もう寝ましょうよ。

▲ Everything went well with me. 私は万事うまくいった。

▲ He always goes hungry. 彼はいつも腹をすかせている。

▲ She never goes the limit. 彼女はけっして三十八度線は越えない。

▲ Let it go. そのままにしておけ。

▲ The coin goes everywhere. この貨幣はどこでも通用する。

▲ How did the party go? 会はどうでした？

▲ Thus goes the Who's Who. 人名録にはこうある。

▲ His house went for 5,000 dollars. 彼の家は五千ドルで売れた。

▲ He let his books go cheap. 彼は蔵書を安く手放した。

▲ There's tea going. お茶がはいります。

▲ The boy's going seventeen. 少年はもうじき十七歳になる。

▲ I'm not going to tell you a lie. 私はうそは申しません。

▲ The rumor is going about. そのうわさが広まっている。

▲ They all went after gold. 彼らは金をもとめた。

▶ That goes against my principle. それは私の主義に反する。

▶ Go about your business. 自分の頭の上のハエを追え。

▶ Several years have gone by. 何年かたった。

▶ All his efforts went for nothing. 彼の努力はまったくむだになった。

▶ Papa goes in for golf. パパはゴルフに夢中である。

▶ He did not go in for the exams. 彼は試験を受けなかった。

▶ She went shopping. 彼女は買物に行った。

▶ He went near drowning. あやうくおぼれるところだった。

▶ The meeting went off well. 会はうまくいった。

▶ The gun went off. 鉄砲がバンと鳴った。

▶ Go on speaking. 話をつづけてください。

▶ He's going on for forty. 彼は四十に手がとどく。

▶ The light went out. 明かりが消えた。

▶ She goes out very often. 彼女はよく（社交で）外出する。

▶ Don't go out of your way to do it. わざわざそんなことをするな。

▲ Let's <u>go over</u> all that again. もう一度やり直しましょう。

▲ Wine <u>went round</u>. ブドウ酒が行きわたった。

▲ We <u>went through</u> the war. 私たちは戦争を経験した。

▲ I <u>went through with</u> the research. 私は研究をやり終えた。

▲ They can't <u>go together</u>. 二人は両立できない。

▲ The firm has <u>gone under</u>. その会社は破産した。

▲ The hat doesn't <u>go with</u> her dress. その帽子は彼女の服とあわない。

comeという単語のつかいかた

do, have, get, go の次に、come という単語を最後にあげてみましょう。これも「来る」だけではないのです。

▲ I'll <u>come</u> in a moment. すぐ来ます。

▲ <u>Come after</u> me. ぼくについておいで。

▲ <u>Come and</u> see me any time you like. いつでも好きなときにやっておいで。

▲ Soon he came to himself. まもなく彼はわれに返った。

▲ How much does that come to? それでいくらになる？

▲ How has it come to this? どうしてこんなことになったのか。

▲ My efforts came to nothing. 努力したがうまくいかなかった。

▲ First come, first served. 早いものがち。

▲ Lightly come, lightly go. 得やすいものは失いやすい。

▲ You'll come to like her. 彼女が好きになるよ。

▲ How did you come to know Miss Japan? ミス・ジャパンとどうして知合いになったか。

▲ She's coming nineteen. 彼女はまもなく十九になる。

▲ It was 3 years ago come this Xmas. このクリスマスでちょうど三年になる。

▲ Come, let's all go. さあ，みんなでくりこもう。

▲ Come, come, don't kick and struggle so. まあまあ，そうじたばたするな。

▲ Come now, Jim, just have a bite. さあさあ，一口おあがりよ，ジム。

▲ I wonder, how it come about. どうしてそんなことになったのかしら。

▲ I've never come across this word. この単語には初めてお目にかかる。

▲ Come along! さっさとおいでよ。

▲ Her color came and went. 彼女は赤くなったり青くなったりした。

▲ My birthday is coming around today week. 私の誕生日は来週の今日です。

▲ Come again! またおいで。もう一度言ってくれ（米俗）。

▲ Top-class cinemactresses are hard to come at. 一流映画スターにはなかなか会えない。

▲ He'll come back by noon. 昼までにはもどるでしょう。

▲ She came back to screen. 彼女は銀幕に返り咲いた。

▲ How did you come by this vase? この花瓶をどうして手に入れたの？

▲ I'm coming down right now.（食事に）今すぐ行きます。

▲ Don't come down upon him for his mistake. 彼の失敗をおこるなよ。

▲ He came down with malaria. 彼はマラリアにかかった。

▲ Where do you come from? 君はどこの生まれか。お国はどこですか。

▲ Blue is coming in now. 今はブルーがはやっている。

▲ Come right in! おはいり。

▶ My knowledge of Spanish came in handy then. その時スペイン語の知識が役に立った。

▶ She came near being drowned. 彼女はあぶなくおぼれるところだった。

▶ She comes of a good family. 彼女は良家の出だ。

▶ The party came off well. パーティはうまくいった。

▶ Come off your high horse. いばるのはやめろ。

▶ She always came out second-best. 彼女はいつも二番の成績だった。

▶ Come out of that! そんなことはよせ。

▶ His book is coming out next week. 彼の本は来週出ます。

▶ He came over here last May. 彼は去年の五月にここへ来た。

▶ She will come round very soon. 彼女はじき直るだろう。

▶ Hurry along and come up with them. 急いで，みんなに追いつけ。

そのほかの基本動詞

以上、中学一年の初めに出てくる、やさしい中でもとくにやさしい動詞 do, have, get, go, come の五つだけについて、ごく普通の使い方の例をあげてみました。初歩の初歩のぎりぎりの単語がひょっとしたら大学を出た人でも、うっかりしていて、「なあるほど、こんなふうに言えるのか」と感心させた使い方があったのではありませんか。

これ以外の基本的な動詞についても同じことがいえます。たとえば、take, bring, see, look, hear, put, send, run, give, make, set, turn, call, help, hold, leave, find, lay, let, lie, talk, mean, feel, care, tell, keep, stand, meet など。

「彼はキャフェテリアを経営しています」を英語で言おうとすると、経営→management という big word は思い出せるのに、He runs a cafeteria. は出てこないし、「彼はこのアパートの所有者だ」というのも He is the proprietor…とか、He is the possessor…の方が He has…より先に出てくる——出てくればまだいいのですが、そういう big words を考え出そうとするのではないでしょうか。

「教授は三時から講義をします」ということは、Professor will meet the class at 3. というふうに言います。じつにやさしい英語でしょう。時には教授自身が、そんなふうに黒板に書いておいたりします。

ある時、謹厳な先生がそのようにして掲示した時刻に教室へはいってくると、学生どもがくすくす笑っています。どうしたのかと思って黒板を見ると class の c が消してあります（落書きはあまりしないが、落消しのいたずらはよくやるようです。日本とはちがってアルファベットの組合わせで語ができるのですから、そういういたずらも多いわけです）。さて、

Professor will meet the lass at 3.

つまり「教授は三時に若い娘とデートする」というわけで、謹厳なだけに、取合わせがいよいよおもしろいわけです。ところが、先生少しもさわがず、やおら eraser（黒板ふき）をとったかと思うと、lass の l を消してしまいました。

Professor will meet the ass at 3.

「教授は三時に馬鹿と会う」この勝負、完全に教授の勝利におわったわけです。

give という動詞も、いろいろに使えます。電話で、「……を呼んでください」というときに、使うこともあります。とくに親しい間柄のばあいです。Give me your wife. と外国人に言われて、カンカンに怒った人がいます。

動詞ばかりではありません。名詞でも形容詞でもすべてについて、同じことが言えるのです。

「赤ちゃんがお生まれになったそうでおめでとう」をI'm glad you had a baby. といえばすむところを、Allow me to tender my hearty congratulation upon the birth of your offspring. と言った人がいます。言われたアメリカ人はきっと相手の顔を見たでしょう。学の深いのに感心してではありません。頭のここのところがヘンなのではないか、と思ってです。

(3) これだけは知ってほしい単語

八百五十語で表現できるか

基本的な単語ということを申しましたが、これは、いわゆる「ベーシック英語」とは少しちがいます。ベーシック英語というのは、今から数十年前に、オグデンという心理学者が言いだしたもので、八百五十語に制限し、これで日常いっさいの用をたそうというのでした。ふつう一万語も使っているものを八百五十語ではいかにも少なく、不完全なものになります。そのうち、名詞が六百語（一般的な事物の名が四百、絵にかける物の名が二百）、形容詞が百五十語……これで八百五十語中、七百五十語になります。残りのうち、前置詞が二十あるのに動詞が十四（do, have は助動詞の中に入れてあるので、give, get, take, put, come, go, keep, let, make, say, see, send, be, seem）しかありません。「上陸する」という big word はないから get off a ship「横切る」も traverse といったこけおどかしの語はなく、go across で表わせるといった点はいいのですが fly がないから I can't fly. といえないので I am not able to go through the air. とでも言わなければならず、これではかえってむずかしくなります。こういうわけで、アイディアとしてはおもしろいが、実際には行なわれずに終わりました。しかし、よく使う基本的な語をえらんで、まずこれを十分に使いこなそうとする上では参考になるでしょう。また、英語に発達している前置詞の機能を生かそうとしている点も示唆《しさ》を含んでいます。

三千語あれば表現できる

八百五十語ではたりませんが、三千語ぐらい知っていて使いこなせれば、日常生活にはまず事かかないでしょう。ただし、この国の大学の入学試験には七千語ぐらいはいるようです。もっともだんだんやさしくなり、むりと思われる語は注をつけたりするようになってきたのは、当然ながら喜ばしいことです。それよりも、apply だのaccount だのといった、それほどむずかしくはないが、いろいろな意味のある語を、前後の関係などを考え合わせて、正しい意味の理解をためすようになってきています。また、数行の切れっぱしのような文章を判じ物でも解《と》くようなテスト形式でなく、比較的やさしい、現代の英語で書かれた長文を、なるたけ短い時間に読んで、その内容を把握《はあく》させるようになってきています。そうして、読解力をためすにも、翻訳ばかりがただ一つの形式ではありませんので、大意をきいたり、要約させたり、説明させたり、いろいろな形式でテストするようになってきています。

どういうことが書いてあるかを理解することは、一般読書法としてもだいじなことであると思います。

さて、アメリカのある学者の調査によると、一万語を用いて書かれたある作品のうち、九〇パーセントは、基本的な一千語だそうです。これでいくと文芸作品のわりあいむずかしい単語は一〇パーセントということになります。また別の学者は十万語について調べたら、そのうちの二五パーセントは the, of, and, to, a, in, that, it, is, I の十語で、五〇パーセントはそれ以上の基本語七十語（七千語ではありません）だったそうです。それだけの統計では、どのくらい信頼できるかわかりませんが、それでも、いろいろ考えさせるものがあるではありませんか。

やさしい基本語、とくに基本動詞を、生きた英語の特徴をはっきりとつかんだ上で、活用させれば、世界は自分のためにあるような気がしてきます。

ルール10　日本人はやさしい基本語がきらい。つまり、英語を活用させることがきらいである。

ルール11　exaggeration はやさしい、「誇張」一本だから。sound はむずかしい、いろいろな意味と使い方があるから。

ルール12　基本語、とくに do, have, get, go, come……などの動詞をフルに活用させること。

5 生きている英語・死んだ英語

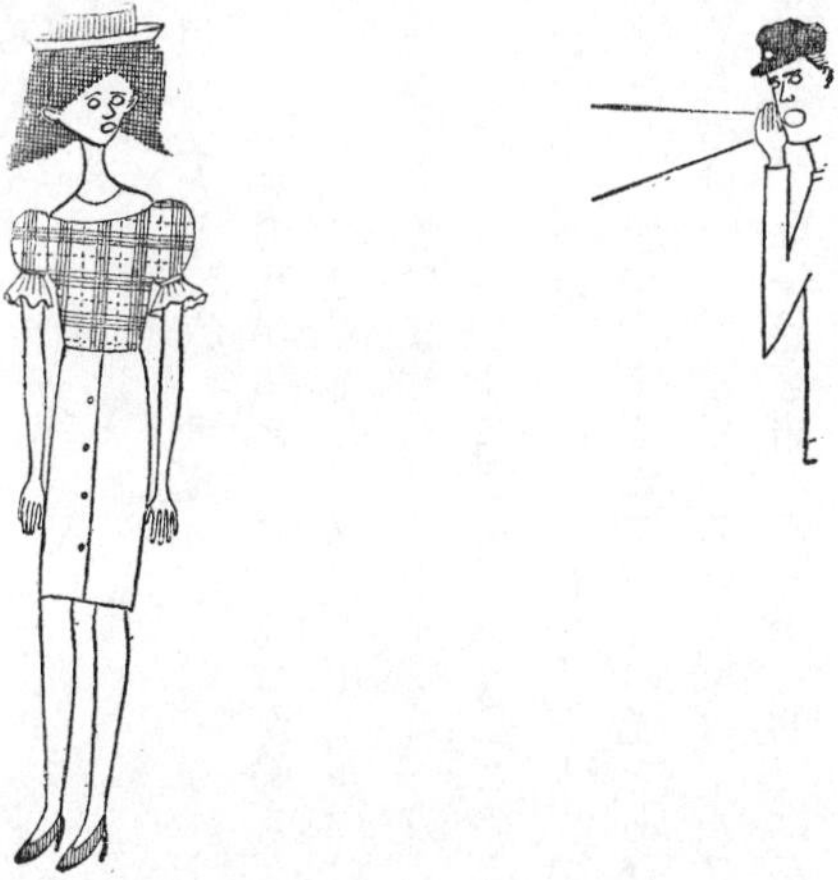

(1) 濃縮エネルギー的な表現法

フットボールでけがをしたことのあるひざ

大学を卒業したばかりの青年アシャーストが、友人と二人、デボンシャのいなかを、ばかを言いあいながら徒歩旅行をしています。リンゴの花が咲き、カッコウが鳴き、人生でいちばん楽しい時です。ところが、あるところまで来ると、フットボールでけがをしたことのあるひざが痛みだしました。一歩もあるけません。しかたなく、友人にぶつぶつ言われながら休んでいると、美しい歌声といっしょにデボンシャ乙女《おとめ》のミーガンが山からおりてきます。そうして、アシャーストは、リンゴの花咲くミーガンのおばの家に泊まることになります。いく日かたち、恋が生まれます。月の光をあびて、夢のように浮かぶリンゴの白い花かげのくちづけ……。イギリスの作家ゴールズワージーの小説『リンゴの木』です。しかし、ここでは作品を語ることが目的ではなく、ある一つの表現のことをお話ししたいのです。

さて、この小説で、もし、アシャーストの「フットボールでけがをしたことのあるひざ」が痛みださなかったら、美少女ミーガンとのめぐりあいも、恋の喜びも、そして、やがて悲しい少女の死も、うまれることはなかったでしょう。したがって、このフットボールでけがをしたことのあるひざが痛みだしたことは、作品の中で、はなはだ重要な契機をなしているわけです。

そこで、この「フットボールでけがをしたことのあるひざが痛みだした」を作者は、どう表現しているでしょうか。こちらから言ってしまっては興味がありません。あなたなら、何と言いますか。――たぶん、こうではないでしょうか。「フットボールをプレイしている時に・けがをしたことのあるところの・ひざが・痛むことを・はじめた」。そうして、「何なにしたことのある」は経験を示しているし、そして地の文が過去なのだから過去完了を用いるのだとか、それに関係代名詞をあしらうのだとか、いろいろ思案をかさねたあとで、こんな英文ができあがるのではないでしょうか。His knee which he had once injured while playing football, began to pain him. えんえん十四語よりなり、関係代名詞、完了時制、分詞構文など、日本人の愛好するすべてをふくんだ英文であります。名文だと思うかたもいるかもしれません。しかし、この文は which he had once injured だけをとっても、すでに文法的にヘンです。だって、そうではありませんか。「彼がかつて傷つけたところのひざ」では、自分からわざと試合の最中にきずつけたわけで、はなはだ自虐的《じぎゃくてき》な、マゾヒストということになります。ここのところを作者がどう書いているか見ましょう。たった五語の、単文で、つぎのように書いているのです。

His football knee gave out.

play はどこへいった、けがはどうした、関係代名詞は、分詞構文は……。そんなものは football と knee のあいだの空間に、プリズムがいろいろな色を吸いこむように凝集《ぎょうしゅう》されてしまっているのです。"football knee"——動的な機械の時代にふさわしい、いっさいのむだをはぶいた、濃縮エネルギー的、インスタント的表現法——考え方ではありませんか。この考え方をつかみましょう。その時、あなたの英語には大きな革命が起こります。そして、あなたの表現力はぐっと前進します。

絶対に必要なものをグッと押し出す

もう少し例をあげましょう。

「彼女の嫁《よめ》にいく前の姓」をどう英語で表現したらよいでしょう。「嫁にいく」をまさかgo…と考える人はいないでしょう。「結婚する」などと言いかえてshe got married などとやるでしょう。「姓」は「家族の名」ということですから、her family name before she got married とか her family name before her marriage などとやるでしょう。しかし、これを、もっと凝縮させることはできないものでしょうか。というと「娘時代の姓」ということなのだから、her family name in her maidenhood ではどうだろう、という人がありそうです。かなりよいけれど、もっと凝縮できるのです。football knee 式に、どうでもよいものは全部すてて、絶対必要なものだけをグッと強く押し出すインスタント的考え方から、her maiden name とすればいいのです。なんと簡潔で、効果的な表現ではありませんか。しかも、やさしい。英語を学びはじめてまもない人たちでも、できる表現法です。「個展」を英語でなんというか、と聞いてみると、individual exhibition だとか、exhibition of works done by one person などと妙なことを言う人は多いが、one-man show といえる人は少ないのです。

one man という表現そのものが、じつにおもしろいではありませんか。これに類した表現も、気をつけてみれば、じつに多く「何でも人の言うことを、はい、ごもっとも で、と受けてばかりいる人」は yes man 「大学教育を受けた人」は varsity man

「オックスフォード大学を出た人」は Oxford man ですみます。「鉄道の保線工夫《こうふ》」などもこの調子で lineman といえばすむのですが、ややもすると、漢字を因数分解した上に説明の語句を補って、「鉄道の線路を安全に保つための工事に従事する労働者」などと長たらしくて、しかも不完全な説明訳をすることになります。コカコーラが好きで、そればかり飲んでいる人は coke man といいます。コーヒーなら coffee man パイプなら pipe man です。anchor man は「クラスのビリ」です。いかりをつけてあれば、下に沈みますから。リレーなどのラストをうけたまわる人の意味もあります。ギャラップなどの世論調査で「わからない」と答える人たちがかなりあります。議員選挙のばあいなど、この人たちの動きによって形勢の変わるばあいもあります。こういう連中を Don't Know Group 略して D. K. Group というのです。略号はぎりぎりの濃縮表現といえましょう。

濃縮エネルギー的合成語

こういう濃縮エネルギー的合成語が、アメリカにとくに多いのも、ふしぎではないでしょう。「石油業者」oil man 「牧畜業者」cattleman, cowman (イギリス英語の

stock breeder より明快でしょう）「電報通信手」keyman（英、telegraphist）「専門外交官」career man「鉄道従業員」railroad man「外勤巡査」patrol man「新聞記者」newspaper man「八百屋」vegetable man（英、greengrocer）「外まわり注文取」traveling salesman（英、commercial traveler）……いくらでもあります。そして、今後いくらでもできていくでしょう。

girl にしても、flower girl（花売り娘）match girl（マッチ売りの少女）elevator girl（エレベーター・ガール）glamour girl, cover girl（雑誌の口絵になるような）pinup girl（壁にその写真をピンでとめる美人）cigarette girl（タバコ製造工場の女工）telephone girl（電話交換手。自動交換機に代わった今は hello-girl では時代おくれになった）、さかんに歌われている calendar girl（カレンダーにのるようなグラマーな女の子）だとか、B-girl（米俗、酒場女）、その他生活が複雑になり、職業がふえるにつれて、いろいろな-girl という新しい合成語ができていくでしょう。「就職運動」は「仕事捜し」ですから、job hunting とやさしく言えますし、「実状調査委員会」といういかめしいのも fact-finding committee というとやさしいでしょう。ポーカーをやる時のように、まったくの無表情をよそおった顔は poker face　亭主がゴルフにばかりこっていてかえりみられない細君golf widow（ゴルフ未亡人）は、近ごろこの国でもふえたようです。おもしろいのでは、pocket pistol ぶっそうだと思ったらポケットウィスキーのことですし、「献金用の金」collection box moneyとは、五セントか十セントの「小銭《こぜに》」のことです。キャバレーでは札ビラを切るくせに、おさいせんは日米《にちべい》とも小額なのですね。

man killer（米俗）はすごい美人かと思うと、「ノルマのきびしい刑務所」のことだそうです。

public comfort stationというから、何かと思うと「公衆便所」のことです。イギリスのpublic convenienceにあたります（もちろんイギリスではpublic lavatoryと普通言っています）。イギリスのウェストミンスター寺院に、Poets' Cornerといって、有名な詩人などが葬られる区画がありますが、アメリカ学生の俗語では「便所」の意味に使っています。

なお、ついでですが、外国では自動車《くるま》が足であるため、日本のようにトイレは短距離の所にありません。ですから、あまり水を飲まないこと。困った時は、drug store（日用品をなんでも売っている店）にとびこむこと。またgentsとladiesは、映画館などでは離れています。

↑Adam｜Eve↓と気のきいた標識を出しているところもあります。ディズニー・ランドには↑Prince｜Princess↓とあります。日本の皇太子と美智子妃が遊びにいかれましたね。

「一二等混成列車」はcombination car「定期乗車券」はcommutation ticket（英season ticket）ポピュラー・ソング『恋の片道切符』の「片道乗車券」はone-way ticket「（労働組合に加入していない）一会社内要員組合」はcompany union「（人のよいのにつけこんで行なう）信用さぎ、取込みさぎ」はconfidence game略してcon game（英、confidence trick）です。

その他、ごく普通の例をあげると、curtain call（幕間の呼出し）、the 3: 30 Tokyo train（三時半の東京行列車）、application blank（書きこむようになっている願書）、pub crawler（ハシゴをする人、pub = public house〔飲み屋〕）、chain-smoker（あとからあとからたてつづけにタバコをのむ人）などいくらでもあります。

合成語は現代感覚をあらわす

すでに、実際生活の上では、つぎのような合成語が作られ、使われています。うっかりすると英語の勉強のほうがおくれて、そういう現代的感覚と、ずれてしまいます。これでは、こまるのです。これは、ある日の日本の新聞一ページの片かなのところをひろって英語にしたものです。

title match, return match, prize contest, champion wrestler, beauty salon, music salon, eight-day clock, three-run homer, radio drama, televi-drama, mixer room, television production, suspense drama, highway patrol, radio news, Sunday music, news highlight, stereo hour, request hour, three-star show

同じ日の、こんどは英字新聞の広告欄を見ますと、こんな例があります。bed-sitting room（寝室兼居間。最近のように壁でしきらない、カーテン利用の建築だと、こういうコンビネーションがいよいよ、ふえます）、cook maid（料理と女中と両方やれる人。ちょうほうですからね）、steno-typist（速記とタイプと両方できる人）、Johnson Officers'

Wives' Bridge Club（ジョンソン基地米軍将校夫人ブリッジクラブ――単語をならべるだけですむのですから便利です。これが、もう一歩進むと、J.O.W.B.C. のような略号になるのです）。

around-the-world trip（世界一周旅行）――このように、ハイフンでつないでしまう、これもまた、もう一歩進んだ合成表現です。たとえば、good-for-nothing fellow（ろくでなし）、forget-me-not（忘れな草）、kiss-me-quick（三色スミレの一種。さあさあ、お早く、あせないうちに…という感じです）、you-never-can-tell-ism（わからんものだよ主義）、

濃縮エネルギー的合成語は、生きている英語のポイントである。

do-not-touch-me atmosphere（わらわにさわってはなりませんぞえ的気品）などという表現も現代作家の小説に見えています。

「英語でいちばん長い言葉は何だろう」と、よく疑問に思うものです。「smiles さ。sとsの間が一マイルもあるから」、「いや、beleaguer（取囲む）だよ。be-と-rの間が一リーグだもの、その三倍はあるよ」などというしゃれではありません。本当に長いのは、辞書に出ているのでは「（富などの）蔑視、軽視」という意味の floccinaucinihilipilification（二十九字）というのだそうで、シェイクスピアの作った honorificabilitudinitatibus（りっぱなこと）より二字多いのです。近ごろは pneumonoultramicroscopicsilicovolcanoconiosis という、「火山灰を吸収したためにかかる病気」というのができて、これは、

Llanfairpwllgwyngyllgogerychwyrndrobwllllantysiliogogogoch

というウェールズのある島の村の名のつぎでしょう。しかし、このような接頭辞や接尾辞によらず、ここにいうようなもっと自由な造語法によれば、もっとらくらくと、もっと長い語ができるわけです。べつに長さを競争するわけではありませんが。

性的興奮は sexciting という

言語を社会の鏡とすれば、スラングと呼ばれるものは一般民衆のすがたを率直にうつしているといえましょう。米英のスラングを見ると、この濃縮エネルギー的合成表現が、じつに多いのに驚きます。

joy（歓喜）という語にしても、その内容は時代や使う人によっていろいろです。これを含むスラング的合成表現になると、欲望をみたす歓喜が多くなります。joy powder（歓喜の粉薬）とは「モルヒネ」「麻薬」、joy water（歓喜の水）とはいわずと知れた「酒」のことです。joy ride（歓喜のドライブ）という語の中には、いくらか不品行の意味が含まれているようです。最近、日本でもだんだん行なわれるようになったようです。いつも不景気な顔をして宴会などでもいっこう楽しまず、つまらなくしてしまう人を、killjoy といいます。

とくにおもしろいのは、「トランクことば」（portmanteau word）と呼ばれるものの多いことです。たとえば「朝飯」（breakfast）と「昼飯」（lunch）と兼用の食事を brunch というようなものです。あなたも、日曜など寝ぼうしたときは、どっちつかずの brunch を食べるでしょう。ちょうど中型トランクが二つに合わさるように、二つをたして二で割ってできたわけです。「映画女優」は「映画」がcinema,「女優」がactressですから、合成語はcinema-actressですが、これをもっと融合させたのがcinemactressです。「金のために結婚した人のでかける新婚旅行」はmoneymoon（money＋honeymoon 米俗）です。そして、motel（motorist＋hotel）にとまるかもしれません。

「セックス」（sex）と「経験」（experience）とをいっしょにしたsexperienceが、「性的経験」です。sexperiment（experimentは実験）などはやらないほうがよろしい。sexploration（explorationは「探検」「探究」）から、さらにsexplorerという「探検家」ないし「研究家」が生まれてきます。そういう人は、strip tease（「ストリップ・ショウ」これも合成語）を見てこう叫ぶでしょう。How sexciting!（sex＋exciting〔こうふんさせる〕）

そうかと思えば「beauty（美）とutility（実益）とをかねた性質」のbeautilityだの、同じくbeautyとsanatorium（療院）との融合したbeautatorium（美容院、理髪店）などもあります。comedy（喜劇）とdelirium（目まい）とが融合すると、come-deliriumという「そうぞうしい喜劇」ができます。

なお、名詞ばかりでなく ice-free（氷の張らない）、snow-bound（雪にうずもれた）、knee-deep（ひざまで深い）などの自由な濃縮エネルギー的表現もどんどん生まれています。

濃縮エネルギー的表現のつかい方

それではここで濃縮エネルギー的な合成語を使ってみましょう。

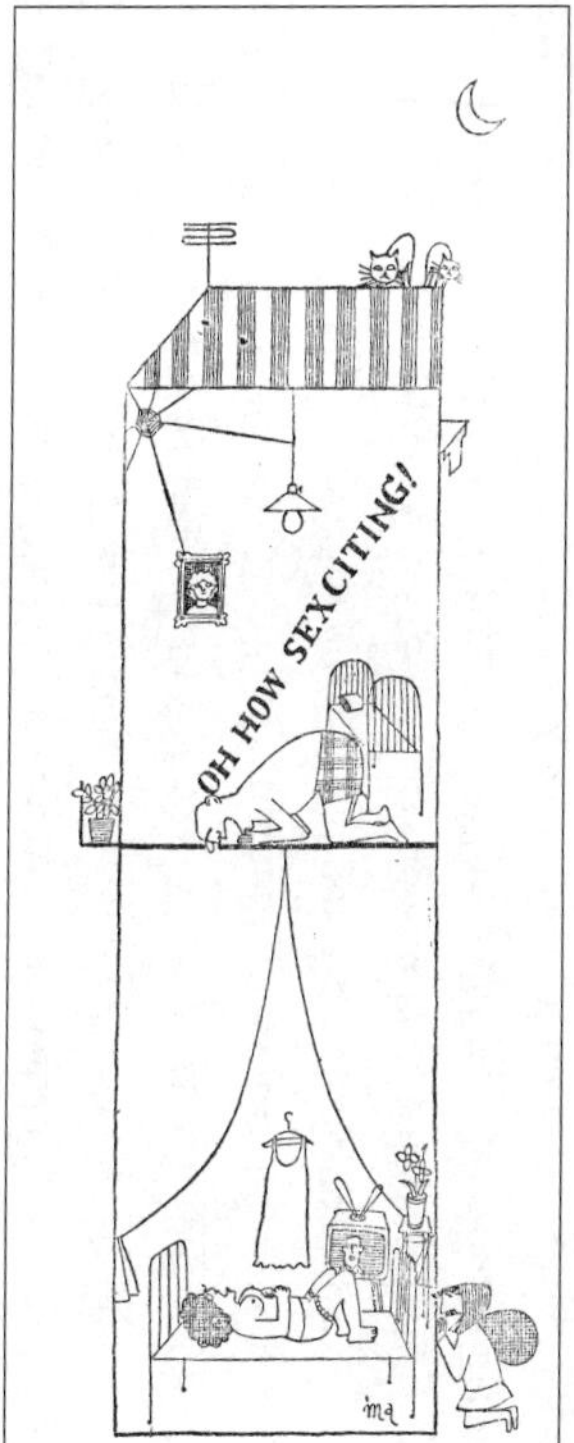

SEX(セックス)＋EXCITING(興奮させる)＝SEXCITING(性的に興奮する)。合成語は現代感覚を表わす。

▲ 銀座の 5827 番をお願いします。 Please give me Ginza five eight two seven.

▲ 私の部屋の番号は 308 号です。 My room number is three-0-eight.

▲ 3 時 25 分の列車は何番線から出ますか。 What track number is the 3: 25 train?

▲ さかり場は人がいっぱいだ。 Entertainment spots are full of people.

▲ 一年契約をしていただけますか。 Could you sign a one-year lease?

▲ さあ大そうじを手伝ってください。 Come and help with our house cleaning.

▲ 結婚許可証をどこで手に入れたの？ Where did you get your marriage certificate?

▲ あのマギーって女はどこに住んでるのかしら。 Where does that Maggie woman live, I wonder?

▲ この試験てやつが大のきらいでね。 I hate this examination business.

▲ あの男，大学を出ているのかい。 Is he a varsity man?

▲ 彼は通信講座で英語を勉強しています。 He's taking a correspondence course in English.

▲ あの人は院内総務の一人だとさ。 He's one of the floor leaders, I hear.

▲ 危険信号は見えなかったのか。 Couldn't you see the danger signal?

▶消防夫は繰り出しばしごを使った。Firemen used an extension ladder.
▶熱海行き片道をください。A one-way ticket to Atami, please.
▶消防自動車が走っていく。A fire engine is rushing along.
▶家にはガスも水道もひいてある。We have both gas and city water in our house.

(2)　インスタント的な表現法

品詞の転用

ここで、あなたの注意をひきたいのは、今日の英語のもつ特性の一つ、自由な品詞の転用ということです。とくに、名詞を、そのまま動詞にしてしまうことが多いということです。いってみれば、インスタント的な表現法です。

日本語でも、学問する、運転する、得点する、とは言いますが鉄道する、ひじする、東京するなどとは、まだ言いません。

The bill was railroaded through the House. を、「その法案は議会を鉄道させられた」とはいわないでしょう。「一瀉千里《いっしゃせんり》に可決された」という、ムードはわかるが意味のよくわからない、もってまわった漢語にするでしょう。せいぜい、「しゃにむに通過された」という、これもムードはわかるが意味のよくわからない日本的な表現にされるかします。railroadをそのまま動詞に用いた、動的でスピード感のあふれる、自由で、直接な感じとは遠いでしょう。

拳闘でHe rights to the jaw. といえば、「彼は相手のあごを右手で打つ」ことになりますし、She was highlighted. といえば、「おもな役をもらった」ということになります。fake「インチキ」はそのままThey faked a curtain. となり、「サクラを使って幕間のあいさつの呼出しをした」という、かなり複雑な内容を簡単に表わすことができます。

とくに、もっとも近い、手、顔、頭、指、目などが、動詞化されるのは、当然考えられるところでしょう。He eyed me from head to foot. といえば、頭のてっぺんから足の先まで、じろりと見る、目の動きや、こちらをうさんくさく思っているらしい相手の気持まで、手にとるようにあざやかに感じられるでしょう。stare（じろりと見る）などのとうてい及ぶところにあらずです。Hand me that book, please. は、「どうぞ、その本を取ってください」という「手渡す」意味です。He elbowed (his way) through the crowd. は「彼は人ごみをひじでおしわけて出た」ですが、スリなどの犯人をそうして追いかけるところから elbow はさらに「刑事（米俗）」という名詞にも使われます。また、野球で、「投球する」という意味もできてきます。

The searchlight is fingering the sky for enemy planes. を「探照灯が敵機を求めて空をあちこち照らしている」では、指を動かすように夜空をずうっと動いていく様子は浮かんできません。「指でもて遊ぶ」などにも、この語を使えます。「窓は通りに面している」と対応して、The windows face the street. といえます。それから「彼は危険に立ち向かった」He faced the danger. のように、抽象的な言い方もできます。具体的なものから抽象的なことを表わすようになることは、言語の大きな特徴の一つでしょう。

She babied him.「彼女は彼を赤んぼう扱いにした」という姉さん女房らしい年上の女がいるかと思えば、He knifed his baby-wife. と、「子供のような妻を刺した」うんと年上の男もいます。それにしても、この、babied, knifed はいかにも印象があざやかではありませんか。赤んぼう扱いにしているところや、白刃をひらめかしている情景が目に見えるようですね。もともと名詞であった具体的な映像が、少しも失われずに、しかも動詞化されたわけなのです。

日本語には、それほど屈伸性がないために、たとえば、「テーブル掛けにしみをつける」を英語で表現するのに、「しみ・つける」と因数に分解して、attach a spot などとおかしなことを言いがちです。to spot a table cloth とインスタントな品詞の転換を考える人は少ないのです。

同じように、「机の上のちりを払っておくれ」は、Sweep off the dust on the desk. などと言いがちです。一見正しいようですが、誤りです。Sweep the dust off the desk. ならわかります。しかし、「ちり」という名詞 dust が、そのまま「ちりを払う」という動詞になるということには、あんがい気がつく人は少ないのです。それを知っていたら、Dust the desk. と、たった三語の、インスタント的表現ができるでしように。

横浜《よこはま》のある店で、「この部屋には冷房装置も暖房装置もしてあります」という意味らしいことをはり紙に、This room is installed with cooling and heating apparatuses. としてあるのを見ました。冷暖房の装置は簡単にいえば air-condition です。そして、この語は、そのままで、動詞になるのですから、This room is air-conditioned. ですむわけです。もし、これが「掲示」であるなら、This room is などとよけいなことはいわなくても、その部屋についての掲示であることはあきらかです。だから AIR-CONDITIONED とただ一語でいいのです。これが必要で十分な表現なのです。日本語でも「エア・コン」とインスタント的表現をします。「リモ・コン」(remote controler) のたぐいです。新聞の三行広告の「ガ水完」(ガス及び水道完備) なども、インスタントですね。考えてみれば、日本語にすでにこういう考え方がはいってきているわけです。いや、世界的な傾向と言えるでしょう。それなのに、もってまわった、モタモタ英語を使おうとするのは、世界の動きに背を向けていることになりませんか。

品詞の転用のしかた

インスタント的表現の代表的なものである品詞の転用を、じっさい使ってみましょう。

▶ ごらん，鳥が巣につき出した。Look! The birds are beginning <u>to nest</u>.

▶ バレエはテレビで放送されるだろう。The ballet will be <u>telecast</u>.

▲ 要塞はカモフラージュをほどこしてあった。 The fort was camouflaged.

▲ ビロードは手ざわりがいい。 Velvet feels smooth.

▲ この本はまだカタログにのっていません。 This book is not catalogued yet.

▲ 彼はブラックリストにのっている。 He is blacklisted.

▲ 休会の動議が提出された。 An adjournment was moved.

▲ 彼はカボチャというあだ名をつけられた。 He was nicknamed Pumpkin.

▲ この壁に壁紙をはらせなさい。 Get this wall papered.

▲ あのサングラスをかけた男を知っているか？ Do you know that sunglassed man?

▲ 私たちは休暇の計画をたてています。 We're planning a holiday.

▲ 彼はスキーで山をおりた。 He skied down the hill.

▲ 本には索引をつけるべきだ。 A book should be indexed.

▲ i の点をうつのを忘れるな。 Don't forget to dot the i.

▲ ネコのくびにだれが鈴をつけるのか。 Who will bell the cat?

▲ 私の家は浸水している。 My house is flooded.

▲ この部屋はカシの木で床が張ってある。 This room is floored with oak.

▶しかたがない、テクルよ。I'll foot it, I can't help it.
▶バカにするな。Don't fool me.
▶このエビをフライにしてください。Please fry this lobster.

動詞句の利用

野外音楽会が、いま、たけなわです。まん中の、人目につく所に、美しい女性がいるとしてごらんなさい。どんなひとだろう、もっとこっちを向かないかしら、など、いろいろに思うものです。それで、音楽会が終わって帰りかけると、何とはなしに、足がその女性の方へ向かっています。近くで、よく見ようとして。

さて、この「近くでよく見ようとして」を英語で表現しようとすると、あなたはどういいますか。たとえば、こんなふうにするのではありませんか。in order that I may see her well by coming near her などと。

この「彼女の近くによることによって」とか、「よく見る」とか、「……するために」とか、いかにも日本人が書いた英語だと、お里《さと》が知れるような、考え方、書き方ですね。まず in order that…may～は、カミシモをつけたような堅い書き言葉の言いまわしです。in order to…の方がまだいくらかやわらかいでしょう。しかし誤解がないかぎり、簡単にto…だけでもすむところです。また「近よる」「よく見る」と、原文の動詞をそのまま動詞に訳したところに、この部分を英語らしくなくした原因があるのです。

to look のかわりに、a look と、動詞を名詞に変えて、その前に have や take や get などやさしい動詞をつけた表現、to have a look という動詞句を活用すればよいのです。

トーマス・ハーディは、短編『息子の拒否』の中で、ちょうどこういうところを、つぎのようにさらりとやっています。to have a near and good look at her どうです、うまいでしょう。「近く」と「よく」を、「近い」と「よい」に、副詞から形容詞に昇格させて look の前にならべておいただけで、こんなにすっきりした、英語らしい表現になるのです。

なにごとでも問題をもっていることはいいことです。本を読んだり、外国人が話すのを聞いている時など、もしいつも、「こういう事がらはどう表現するかな」と問題をもっていると、ほかの人がなんでもなく読みすごし、聞きすごしてしまうところで、あっ、と気がつくものです。

また、私たちは、とかく、美辞麗句《びじれいく》を名文だと思いがちなものです。そしてまた、じっさい、そういう型の名文も、少し古いが、あることはあります。けれども、私たちが英語を学ぶにあたっては、簡潔明快な表現をねらうべきです。「簡単なことを簡単に表現するのは、それほど苦心はいらない。簡単なことを複雑に表現するのは頭が悪い。複雑なことをいかに簡単に表現すべきかを考えるべきだ」という意味のことを、ジャン・コクトオが言っていましたが、味わうべき言葉だと私は考えています。私自身、むかし学校で読まされたテキストの影響もあって、十九世紀の長たらしい美文を下じきにして、英文を書く練習をしていましたので、どうも努力のわりにうまくならず、また、日常卑近なことを話す場合に、むしろじゃまになるとさえ思われることがありました。国際ペンクラブの大会が開かれた時、ある外国の作家が、日本の英文学者の中に、ウチノニワトリハ、チカゴロタマゴヲウマナクナッタという意味を、英語でなかなか話せず、苦心さんたんしている人がいる、といって、驚いていましたが、なるほどな、と思いました。

動詞句はどうつくるか

ここで、動詞句の例をお目にかけましょう。動詞句には形容詞がつけられるので、表現に便利です。

to look → to have〔take〕a look（見る）
to glance → to have〔take〕a glance（ちらりと見る）
to dance → to have a dance（踊る）
to bathe → to have a bathe（水浴する）
to try → to have a try（試みる）
to slap → to have a slap（ピシャリと打つ）
to wash → to have a wash（洗う）
to dream → to have a dream（夢みる）
to drink → to have a drink（飲む）
to swim → to have a swim（泳ぐ）
to walk → to have〔take〕a walk（散歩する）

to rest　→　to have〔take〕a rest（休む）
to pity　→　to have〔take〕a pity（あわれむ）
to cry　→　to give a cry（泣く）
to pull　→　to give a pull（ひっぱる）

動詞句のつかいかた

▲ ちょっとその写真を見せてごらん。 Let me have a look at that snap.
▲ 海がちらりと見えた。 I had a glimpse of the sea.
▲ こっそりいっぱいやった。 I had a drink on the quiet.
▲ この新薬をためしてみよう。 I'll have a try at this new medicine.
▲ ちょっとひと休みしよう。 Let's have a short rest.
▲ 踊りましょう。 Let's have a dance, shall we?
▲ 彼女は思う存分泣いた。 She had a good cry.
▲ 私たちは長い間バスに乗ってたのしかった。 We had a nice long bus ride.

▲ その本はよく売れている。 The book has a good sale.
▲ まずタバコを一服のませておくれ。 Let me have a smoke first.
▲ 私はドアの取っ手をぐっと引っ張った。 I gave a strong pull at the door knob.
▲ いっしょに飯でも食っていけよ。 Have a bite with me.
▲ 彼は新規まき直しをやった。 He made a fresh start.
▲ 彼は彼女を自動車に乗せてやった。 He gave her a lift in his car.
▲ よく話し合いましょう。 Let's have a good talk.
▲ 彼女とちょっと話した。 I had a word with her.
▲ 私は遠くへ散歩に行った。 I took a long walk.
▲ そんなこと考えたこともない。 I have never given it a thought.
▲ 彼は彼女の手を放さなかった。 He kept hold of her hand.
▲ すぐふろにはいりなさい。 Take a bath right now.

(3) 英語に強くなるコツ——前置詞

英語の大きな特徴

これまでに、あなたは、「自分はどんな性格なのかしら」と真剣に考えたことがありませんでしたか。そういう時、意識してでも、無意識にでも、どんな方法をとったでしょう。まず、第一には、じいっと自分というものを見つめて、考えてみることです、その結果は、たとえば、どうも食事のときにも肉だと食べるが、さかなは残す、学校でも英語や国語の時間は楽しくてしかたがないのに、数学や理科はさっぱりだ。深く仲よくしている友人があるかと思うと、あいさつもろくにしない人もある。仲のよい友人とも、何かのひょうしで意見がちがうと、くるりと変わって相手にしなくなる……などといろいろな自分についての事実を集めてみ、それらから考えて、たとえば、だから自分という人間は、好ききらいがはげしく、理性的よりも感情的で……などと結論をくだすかもしれません。

しかし、もう一つの方法もあります。それは、自分だけを見つめるのとちがって、社会集団の中の自分を、他の人びととくらべてみることです。そして、一般の人たちは小さいことがあまり気にならないのに、自分は気にしすぎるとか、どうも他人ほどには注意を持続することができないとか、すぐかっとなるとか、しかし、頭の回転はおそくはない、とかいうふうに。主観的になったり、くらべ方が浅かったりする危険はありますが、とにかく、自分だけを見つめることと他と比較することとは、自分を知る二つの方法であろうと思います。

英語を他のヨーロッパの言語とくらべてみると、特徴がはっきりすると思います。語形を変化させることによって、性、数、格、法、時制などの文法的区別を示す屈折語という中にはいりはしますが、ドイツ語やフランス語などと比べると大幅に、屈折語の中に入れたくなくなるほどに語形変化がなくなっています。そして、その代わりに、前置詞がひじょうに発達しています。ですから、この前置詞の用法をおぼえ、その機能をフルに発揮させることができれば、英語は自分のものになったと言えるでしょう。

終戦後しばらく、紙が不足して、あらゆる翻訳書にほしいだけ紙を配給できなかったころ、翻訳を審査して、よいものにまず配給し、そうでないものには改めてもらうようにという意図で、出版文化協会が審査を受け持ち、その委員の一人になったことがありました。私の手元に回ってきたいくつかの翻訳はすぐれたものが多く、仕事も楽でしたが、中に一冊、あきらかにアルバイトの学生か何かがやったものらしいのがあって、それには手こずらされました。今でも覚えているのに、「彼は夜のために解雇された」というのがあります。添えて出されてあった原文と照らし合わせてみると、こうありました。“He was dismissed for the night.”

dismiss というのは「解雇する」という意味が普通かもしれませんが、仕事などやめろ、つまりさがって休んでよいということです。まずここで一つ、語の意味が不徹底でつまずいています。さらに for the night がわかっていないのです。for とあったから、「ために」とやっただけにすぎないのです。「(もう用もないし、夜もふけたから) さがって寝なさいというお許しが出た」ということなのです。夜という悪人のザンゲンにあってクビになったのではありません。この誤解の原因を考えてみると、日本語と英語の違いに、気がつくのです。

別の例をあげましょう。She stood with a new hat on. を「彼女は新しい帽子といっしょに立っていた」では、帽子がボーイフレンドのようだし、「新しい帽子で立っていた」では、つっかいぼうみたいです。ここは、どうしても「といっしょに」や、「で」などの前置詞でなく、「彼女は新しい帽子をかぶって立っていた」というふうに動詞を用いて訳さなければなりますまい。

We talked over tea. は「私たちはお茶の上で話した」では何のことかわかりません。酒の上ならけんかすることもありましょうが。「お茶をのみながら話した」と、これまた動詞を用いて訳さなければなりますまい。

こう見てきますと、英語では、言語の性質上、前置詞でさらりとやってのけるところを、日本語では動詞を用いないと十分に表わせない。逆に、日本語では動詞を用いて表わすところを、英語では前置詞だけで簡単にやってのけることが多いようです。

I sent him for a doctor. も、「私は医者のために彼をやった」ではよくわからないから、「医者をよびに彼をやった」としなければなりません。I went at him. も「私は彼のところへ行った」だの、「彼の方へ歩いていった」だのは誤りです。to ではないのですから、そんなゆうゆうとした動作ではありません。at は「(方向・目標など)に向かって、…を、に」という前置詞ですから、「彼の方へとびついていった」とか、二人がかたきどうしなら、「何をっ、と向かっていった」ということになるのです。

こういう英語の前置詞の機能を、日本語に直してフルに発揮させるには、日本語の前置詞だけでは不十分で、動詞を用いてはっきりさせる必要のある場合が多いことがこれでわかります。

例をいくつかあげてみますから、日本語と英語のちがいを比較してみてください。

前置詞のじょうずな使い方

▲ He works for money; I work for love. 彼は金をもうけるために働くが，私は楽しいから働く。

▲ He fought for the weak against the strong. 弱者を助けて強者と戦った。

▲ I worked hard against time. 時間までにしてしまおうとせっせと働いた。

▲ Public opinion is against the bill. 世論はこの法案に反対している。

▲ What are you at? 君は何をしているのですか。

▲ He is in rags. 彼はボロを着ている。

▲ We danced to music. 私たちは音楽に合わせて踊った。

▲ He came along with his hands in his pockets. 手をポケットに入れて彼がきた。

▲ He is a man of his word. あれは約束を守る男だ。

▶ He pushed me off the seat. その男は私を座席から押し出した。
▶ He drew a knife on me. 彼はナイフを抜いて私にかかってきた。
▶ He was talking at me. 彼はきこえよがしに話していた。
▶ Don't tell our teacher on me. 先生に私のことを告げ口しないでおくれ。
▶ 4 from 10 leaves 6. 10から4ひくと6残る。

AをBにする

とくに「Aを…してBにする」という、別の物、または別の状態への変化を表わす場合には、日英の発想法の相違を頭におくことがだいじです。たとえば「水は冷えて氷になる」を考えてみましょう。「冷えて」と「なる」と二つ動詞が用いてあります。しかしWater cools and becomes ice. では英語になりません。英語では「冷える」のほうは生かして、あとの「になる」のところを「変化」「運動」を示す前置詞intoを使って表わすのです。つまりWater cools into ice. です。この日本語と英語とをよくくらべてみてください。前置詞の機能がますますはっきりしたでしょう。「小麦はひかれて粉になる」Wheat is ground into flour.「材木をひいて板にする」

We saw wood into boards.「私は彼女をくどいて屈服させた」I told her into submission.『エルマ・ガントリー』には「エルマは人びとを説いて信じさせた」という意味をElmer preached people into believing her. とやってありました。

また、「……した結果できなくさせる」「……してやめさせる」は、intoの反対のout of か from で表わせるでしょう。「私は彼に話して酒をやめさせた」I persuaded him out of drinking.「彼は私のじゃまをして行かせなかった」He prevented me from going. などのように。

I helped her over the stream. も「私は流れの上で彼女を助けた」のではなく、「私は彼女に手をかして流れを越えさせてやった」のです。「ちょっと（手つだって）オーバーを着せてよ」は、Just help me on with my overcoat.「ぬがせて」ならonを off にすればよいのです。この二語は反対です。

AをBにするという使い方

▶ 昼飯を食べに家へ帰る生徒もある。Some pupils go home for lunch.

▲ ネコがネズミめがけてとびかかった。 A cat leapt at a rat.

▲ 君はそれに賛成するのか反対するのか。 Are you for or against it?

▲ そのニュースを聞いて驚いた。 We wondered at the news.

▲ くつをはいたままはいってはいけない。 Don't enter with your shoes on.

▲ 車輪が車からはずれた。 The wheel was off the car.

▲ 日本人はたいてい米を食べて生きている。 Most Japanese people live on rice.

▲ 天井にハエがとまっている。 I see a fly on the ceiling.

▲ 壁に絵がかかっている。 There is a picture on the wall.

▲ 私たちは彼に説いてその考えをすてさせた。 We talked him out of the idea.

▲ 皿はこなごなになった。 The dish was broken into pieces.

▲ 水は変化して水蒸気となる。 Water changes into steam.

▲ 医者はみぶりで私を椅子にかけさせた。 The doctor motioned me to a stool.

▲ 看護婦は手まねで私を部屋に入れてくれた。 The nurse waved me into the room.

▲ 剣をすててペンをとった。 He gave up the sword for the pen.

▲ 彼は夏休みをすごすために帰ってきた。 He has come home for the summer holidays.

▶ あなたは毎年軽井沢へ避暑をなさるのですか。 Do you go to Karuizawa for the summer every year?

▶ 彼は本を読みながら眠ってしまった。 He went to sleep over his book.

(4) 補語に強ければ、英語に強い

補語のつかい方

女王も大統領も誰もがつかう英語のさまざまな表現は、せんじつめれば、いわゆる「五つの文型」のどれかにはいってしまいます。

1 I go. のような、「○○は・××する」型。
2 I love you. のような、「○○は・××する・△△を」型。
3 He gives her a ring. のような、「○○は・××する・▲▲に・△△を」型。
4 I am happy. のような「○○は・●●である」型。
5 They elected Kennedy president. のような「○○は・××する・△△を・●●に」型。

そのうち、日本人の弱いのは、補語をふくんでいる二つの文型4、5だけです（しかもその一つはそれほどむずかしくはありません）。1、2、3の三文型は、日本語とび離れたものではないので、わかりやすいから、たいして問題はありません。日本語からでは、かならずしもおせない文型だけが弱いのです。まえにも言ったように、日本語とちがうものがむずかしいのです。けっきょく、補語さえ使いこなせれば、すべての文型、免許皆伝《めんきょかいでん》ということになるはずです。

それなのに、補語をこなしきれないまま、行ってしまう人が多いのは、英語の五分の二をすててしまうわけで、思えばふしぎなことです。

ある人が、英語ができるかできないかをためすのは、じつに簡単です。その人が二つの comp. をうまく使いこなせるかどうかを見ればいいのです。一つは compound words（合成語）で、他の一つが、ここにいう complement（補語）なのです。

補語の使い方のコツは、たくさんの例を読んでみることだと私は確信しています。じつは、私自身、むかし、不完全自動詞だの何だのというむずかしい説明を文法書で読んだだけでは、どうもはっきりしなかったのですが、たくさんの例を読んでいるうちに、なるほどと、コツがのみこめました。ここにあげる例と説明は、そっくり私自身の経験したことなのです。

「である」「になる」

むずかしい、といっても、その一つは、たいしたことはありません。She is seventeen.（彼女は十七歳である）、He became rich.（彼は金持になった）型なのです。なあんだ、「…である」「…になる」なら、日本語から推測できるじゃないか？　そのとおりです。

ただ、私の経験では、いつもbe, becomeだけであれば簡単ですが、この系統ではあっても、もっといろいろな意味の動詞がきたとき、めんどうになるのです。「彼女は幸福である」はShe is happy. ですが、「彼女は幸福であるように見える」は、isをseems（to be）に変えます。ほんとうはどうだかわからないが「見たところは幸福らしい様子である」、しかし見せかけかもしれない、という気持なら、She appears（to be）happy. でしょう。きょうは「幸福らしい顔つきをしている」きっと何かいいことがあるのだろう、ならShe looks happy. でしょう。「彼女は独身である」は、She is single. です。ところが、「彼女は独身らしく見える」しかしほんとうかな、などという気持なら、is を seems (to be) に変えて、She seems (to be) single. にするわけです。ところが「彼女はずっと独身である」、あんな美人がどうしてだろう、などというのなら、She remains single. となります。

「彼は目がさめていた」なら He was awake. です。これはただ「である」という、いわば無色の状態です。ところが、たまの日曜だから、「目がさめたままベッドに横になっていた」とか、どうしても「眠れないで、横になっていた」という状態なら、He lay awake. でしょう。ところが、横になっているいないは問題でなく、「ずっと目がさめていた」という持続の状態なら、He kept awake. となるでしょう。そうかと思うと、物音はしないけれど、「起きているらしい」なら He seems to be awake. となるでしょう。

「彼の話はほんとうである」は、His story is true. でしょうが、「ほんとうらしく聞こえる」、しかしどうかなあ、などというこまかい気持は is ではとてもあらわせません。前にあげたように、His story sounds true. です。「彼の話はほんとうであることがわかった」となると、His story proved (to be) true. です。こういう、かなりむずかしい内容を表現できたら、たいしたものです。

「彼は一等で旅行する」を英語で表現しようとするとHe travelsまではだれでもやりますが、その後で迷ってしまいます。そしてby the first classなどと続けがちです。あなたもそうではありませんか。しかし、正しい英語は、first-classをつけるだけで、He travels first-classです。なあんだと思うでしょう。ちょっと拍子ぬけがするかもしれません。このfirst-classも補語なわけです。同様に「私は南方行きを命じられた」もI was ordered south.ですんでしまいます。日英二つの表現を並べてみますから、比較して、コツをのみこんでください。

「である」「になる」の要領

▲ 私はきょうはとても気分がいい。　I feel very fine today.
▲ 彼は床の中でじっとしていた。　He lay still in bed.
▲ 彼は八十まで生きた。　He lived to be eighty.
▲ 彼女はどうして，独身でいるのだろう。　Why does she remain single?
▲ 彼はずっとだまっていた。　He kept silent all the while.

▲ 彼はあき家にかくれていた。	He lay hidden in an empty house.
▲ 彼は外遊を命じられた。	He was ordered abroad.
▲ これは甘い味がする。	This tastes sweet.
▲ 彼は身長六フィートである。	He stands six feet.
▲ 彼女も年をとった。	She has grown old.
▲ 彼女は病気になった。	She fell ill.
▲ 二と三で五になる。	Two and three make five.
▲ 夢がほんとうになった。	My dream came true.
▲ からだ中ぞくぞくしてきた。	I went cold all over.
▲ お金がたりなくなってきた。	I'm running short of money.
▲ 牛乳がすっぱくなった。	Milk has turned (sour).
▲ うわさはけっきょくうそだった。	The rumor turned out (to be) false.

「…を…にする」

さて、これからが、だいじです。免許皆伝になるか、どうか、というポイントです。

「彼女は選ばれて、ミス・キョウトになった」を英語で表現してごらん、というと、たいていの人が、She was chosen……まではやります。問題はこれからです。「そうしてミス・キョウトになった」のだから、and became Miss Kyôto. とつづけたくなります。しかし、英語的感覚からすれば、それはおかしいのです。ではどうするか？ and も became もいらないのです。She was chosen Miss Kyôto. これが英語なのです。何と簡単ではありませんか。はじめのヘンな英語は「彼女は選ばれて、ミス・キョウトになった」という日本語のせいもあるかもしれません。しかし「彼女はミス・キョウトに選ばれた」とあっても、She was chosen のつぎに Miss Kyôto をつけるだけでよいのかな、と、ちょっと、とまどいするかもしれないでしょう。受身でなく、They chose her……と始めても、あとに Miss Kyôto をつけるだけでいいのかしら、「ミス・キョウトに」の「に」はどこにもないけれど……という不安は残るでしょう。しかし They chose her Miss Kyôto. でいいのです。「に」はどこにあるのでしょうか。「彼女を」(her) という目的語の次という語順にあるのです。二つの、主語のちがった文を並列させて and などでつなぐのでなく、こういうふうな語順の文型を使うのが英語らしいのです。自然、結果を表わすのに適した文型ですね。

「彼は彼女を幸福にした」というけっこうな人物、He made her happy. も、「なぐって殺した」という狂暴な人間、He struck her dead. も、みんな型は同じです。「パーマをかけてほしいんですけれど」というような「られる」「させる」の表現も、この型で I want to have my hair permed. です。permanently waved では長すぎます。（いや、もっと簡単な I want to have a perm. でもいいのですが。）

簡単な補語といえば、「それを返してほしいのか」Do you want it back? のように、動詞をはぶいて副詞だけでもすむのです。

ときどき、一人っきりになりたいこともあるでしょう。そういう時には Leave me alone.（ほっといてくれ）と言えばよろしいのです。

文型のすべてが免許皆伝になる

例をあげておきますから、日英をよく対照させて、コツをつかみ、オール文型、免許皆伝ということになってください。

▶ Please paint the roof red.　屋根を赤くぬってください。

▶ I hate having my photo taken.　写真をとられるのはだいきらい。

▶ How did you leave your parents?　故郷を立ったときご両親はお元気でしたか？

▶ How do you like this cake? Isn't it nice?　お菓子はどう。おいしくない？

▶ I found his novel dull.　（読んでみたら）彼の小説はつまらなかった。

▶ They elected Busuzima captain.　彼らは毒島（ぶすじま）を主将に選んだ。

▶ People call me 'carpenter'.　人われを大工と呼ぶ。

▶ They called me a lot of names.　みんなは私についていろいろ悪口を言った。

▶ He was allowed home.　家にはいっていいと言われた。

▶ He made himself president of a big company.　彼は大会社の社長になった。

▶ He believes himself to be somebody.　彼は自分が一かどの人物だと思っている。

▶ Oh, gee! I had my pocket picked.　ギョッ！（ポケットの中のものを）すられた！

▶ Go (and) get your hair cut.　さあ，散髪しておいで。

以上、この章で、今日の、生きた英語の大きな特徴を、三つ、はっきりとつかまえました。これに、正しい発音で、意味と使い方をマスターした基本語を活用すれば、あなたが望んでいる英会話もじつに、らくらくと、できるようになるでしょう。

ルール13　「フットボールでけがをしたことのあるひざ」は football knee――じつに簡単である。この濃縮エネルギー的表現法をあなたのものにすること。

ルール14　He eyed me from head to foot. といえば、じろりと見る。目の動きや心理まで わかる。名詞を動詞に、品詞を転用する。このインスタント的表現法をあなたのものにすること。

ルール15　前置詞と補語を制するものは英語を制する。この二つを新しい角度から見直すこと。

6 先生も教えてくれない英語のルール

(1) 日本人は文法がお好き

英語はメチャクチャな言葉ではない

ルールだの、規則だのときくと、とたんに頭がいたくなる人が相当ありそうです。そういう人たちが、ルール無用論などきくと、とびたつ思いがするのもむりはありません。

ルール無用論の代表的なものは、「英語は例外だらけでルールなどありはしない。また、いわゆるルールなるものを知っていても、それで英語がうまくなるものでもない。英語の力は実際に英語の本を読んだり話したりするうちに養われる。外国人の子供を見よ、彼らは自然に英語をおぼえるではないか。スキーの本を読むより、まず、すべることだ」という論旨のようです。

いろいろもっともな点を含んでいます。同時に、危険もないわけではありません。まず、英語に例外のあることは事実ですが、例外だらけというほどのことはありません。例外だらけで、だいたいのルールもないとしたら、メチャクチャな言葉で、思想も感情も伝達できないことになります。そしてケース・バイ・ケース（その場かぎり）でおぼえて行かなければならないことになります。それはたいへんなことです。しかも英語による伝達は、世界で、他のどんな言語によるよりもひろく行なわれています。また、いわゆる例外なるものも、ああして、こうして、こうなったという理性的な説明ができるのです。

英語を話す国民の子供が、自然におぼえていくからといって、かなり大きくなって、母国語でなく、外国の言葉である英語を習いはじめる日本人の場合は、事情がちがいます。私たちのまわりの人たちは英語を話す人たちではないから、英語に接する機会は限られています。外国人の子供のように自然におぼえこむわけには行きません（もちろん、くふうの仕方で、環境を作ってゆくことはできないことではありますまいが）。また、英語ばかりやっていることもできませんし、その必要もないでしょう。英語を習いはじめるのも、年齢が進み、知性も発達してからです。ですから、勉強を能率的、効果的にするために、多少でもルールを知っておき、類推し、活用することは、不必要なことではないのです。

しかし、まずルールがあって、それからいろいろな表現ができたものではありません。また、このルールも、固定したものではなく、時代とともに変わってゆきます。不定詞の用法は五つある。これこれしかじか、とか、仮定法過去完了は、過去の事実の反対の仮定を表わすとか、いったことは知っていても、英語を読み、書き、話すのに役立たなければ、何にもなりません。

日本人は文法好き

「戦争で、日本の人たちに買ってもらえなくなったから、私は戦争が終わるまで英文法の本は出版しなかった」と、オランダの学者ポウツマが、著書の序文に書いています。ことによったら、日本が、世界でいちばん英文法の研究家の多い国かもしれません。それはそれでいいでしょう。けれども、一般の人たちまでが、あまり文法を気にしすぎて、英語で自分を表現するのを、おっくうに思うようになってはいけません。

そして、実際、そういう感じがあります。

日本に来ている東南アジアその他の留学生は、英語を使うのを少しもおっくうがらないで、よく話します。聞いていると、文法的にかならずしも正確でなかったり、表現が少しおかしいと思われることもあります。しかし、気おくれせずに堂々と語り、言っていることもわかります。文法意識過剰になってもいません。

林語堂（リン・ユータン）博士は英語が達者で有名ですが、彼の著、『開明英文法』の英語にも、文句をつけられるところがまったくないわけではありません。デンマークの世界的に有名な英語学者イエスペルセンの英文にも、どことなく外国人の英語らしいところがあるといいます。

あまり文法にこだわり、誤りをおかすことばかり恐れていると、いじけてしまって、かえってのびません。

それだけのことを申しあげておいて、これから、話し言葉に重点をおいて、ルールのあらましを記します。実際に、活用できるようにという点にメドがあり、あまり理屈を言わず、事実に語らせるようにしました。話し言葉のルールには、いわゆる学校文法のワクの外にとび出すものがずいぶんあります。何しろ、生きた、話す言葉なのですから。といって、あまりとび出しすぎたのもこまるので、実際に使っているし、使ってよいものを、使い方といっしょに記すわけです。

(2) 簡潔な表現こそ現代的

状況（situation）によって主語や動詞をはぶく

日本語だと「野球やらないか」、「うん、やろう」のように、いちいち「あなたは」「私は」をつけて言わないのが普通です。英語は、その反対に、はっきりと、"Won't you play baseball?" "Yes, I will." のように、主語を言い現わすのですが、それも、会話などでは、状況しだいで、主語はもちろん、動詞まではぶいてしまうことは、めずらしくありません。

"Water or straight?" "Oh, straight."（「水わり、それともストレート？」、「ストレートで」）とバーでウィスキーを飲む時。"Sugar?" "Yes." "One? Or two?" "Oh… three." "Three?"（「お砂糖は？」、「うん」、「一つ？　それとも二つ？」、「ああ…三つ」、「三つ？」）とこれも喫茶店での、デートの会話。主語も動詞もないでしょう。「おそれいりますが、東京行きの二等の切符を一枚くださいませんか」などと窓口で言ったら顔を見られるでしょう。ヘンじゃないのかしらって。二等の窓口で一人分の料金を出すなら、何もわざわざ二等だの、切符だの、一枚だのと言わなくてもいいでしょう。ただでくれというのでもないから、おそれいる必要もないでしょう。Tōkyō! と、ただ一語でいいのです。

「君は相当飲むの?」といえば酒のことでしょう。まさか水だの醬油《しょうゆ》だのではないでしょう。わかっているから「酒」といちいち断わらずにはぶいたのです。英語でも、Do you drink? または、Are you a drinker? といいます。

"Hello, Frank. What's doin'?" "Nothin'. Walkin' off my brekfast." は、くだけた会話ですが、「いよう、フランク。何してんだい」、「何にもしてねえ、朝飯の腹ごなしに散歩してるんさ」という意味です。walkin' の前には I'm がはぶかれてあるわけですが、会話の、とくに、答えなどには、わかっているから、よくはぶきます。

一人の男の子が、このあき家へはいってみようよ、というと、他の一人が、"Like fun." と答えたとします。この意味は何でしょう。これも主語がはぶかれていますが、I like fun. の I がはぶかれたと見るのはおかしいのです。これは That sounds like fun. のように考えるべきで、「それはおもしろいことのように聞こえる→おもしろそうだ」ということです。

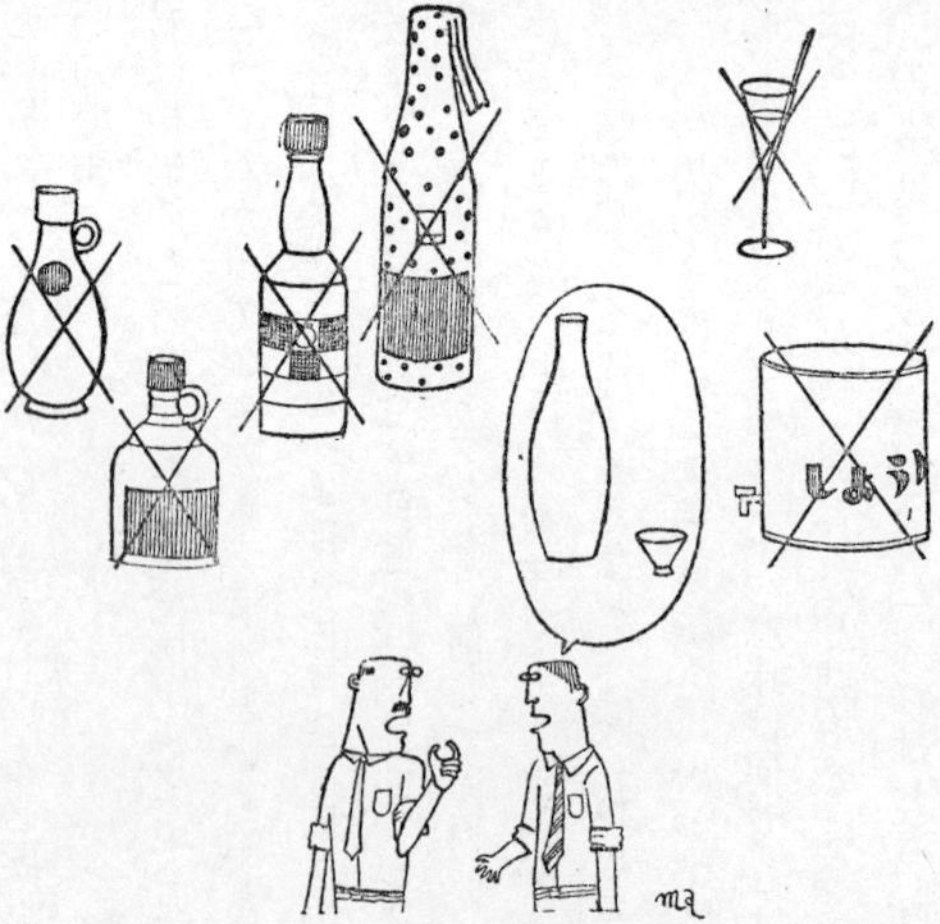

DO YOU DRINK? ときけば「酒」のことである。

How very kind of you to say so!（そう言ってくださるとはじつにありがたい）は、you と to の間の it is（主語と動詞）をはぶいてしまったものです。

She going to marry him?（彼女が彼と結婚するんだって?）。これなどは is がはぶかれているわけです。

The ecstasy of it!（そのコウコツとすることったら！）、The din of it!（なんてうるさいこったろう！）なども、省略した表現です。the と名詞を加えれば、こういう言い方ができるわけですね。What a trouble! How troublesome!（どちらも、なんてめんどうなことだろう）なども it is などをはぶいた形です。

That depends.（それは場合による）なども省略表現のモデルの一つです。

"What do you say to a trip?"（旅行はどうだい？）

"Well, that depends."（うん、費用しだいだ）

That depends upon circumstances.（場合による）とか、That depends upon expenses.（費用しだいだ）とかいうことですが、このように、upon……をはぶくことが多いのです。前後の関係で言わなくてもわかるし、わかっている時には言わない方が、含みもあって、効果的です。情緒派の日本人好みの表現ですね。

重要なことからまず

「とてもおもしろかったよ」と、まずもっとも重要な感動を先に言ってから、「あの映画は」と、後から、つけたす、というようなことは、日本語の場合は多いでしょう。

英語は、日本語にくらべて、語順がだいじで、むやみに狂わせませんけれども、生きた英語になると、その語順さえ、守られないことがよくあるのです。

She is a nice girl, Mary is.（あの子はいい娘だ、メアリーは）などと、後からMary isなどをつけたす方式は、会話にはじつに多いのです。

「ありゃどういうわけなのだ。毎週一冊本が出るのは」は、What is that, every week a new book comes out? のように、まずWhat is thatとおき、つぎに、それを補うように、every week……とおくのです。

A: "Gay spot Tôkyô, they tell me."

B: "Oh, if you care for pleasures."

「おもしろいところだそうですな。東京は」

「ああ、酒と女がお好きならね」

このAの言葉は重要な順に言ったものでしょう。

文を並列させて

日本語の「いそげ、遅れるぞ」と同じように、orもなにも用いないでHurry up, you'll be late. のように並べることがよくあります。整理された文としてでなく、口をついて出てくる場合には、いちいち、接続詞など使っていられません。それでも、よくわかるでしょう。だから会話をする時には、単文の連続で行けば楽です。Fetch the chair. you're a good boy.（椅子もっておいで、いい子だ）なども、並べただけでよくわかります。前の方にウェイトがあるのです。

連結する語をはぶく

「彼は正しいということを思う」だの、「これはジャックが建てたところの家です」などの、「ということを」「ところの」は、はぶいて、「彼は正しいと思う」「ジャックが建てた家」としてしまいます。つまり、つぎの文の that をはぶくのが口語です。

I think (that) he is right.

This is the house (that) Jack built.

さて I'm sorry I don't know.（どうも存じませんですねえ）などには、I'm sorry だけで、独立した「ざんねんながら」というような気持がふくまれています。「……ということを私は悲しい」というのではないので、I am sorry that I don't know. としたり、I don't know. と、しなくなりました。コンマで切って、I'm sorry, I don't know. としたり、I don't know, I'm sorry. と後へまわしたり、もっと簡単に、I'm もはぶいて Sorry I don't know. としたりします。

「雨が降りそうだ」「借金とりが来そうだ」「試験がありそうだ」など、よくないことがありそうだと思うときには、I am afraid を使って、

I'm afraid it will rain this evening. とか、

I'm afraid he will come. とか、

I'm afraid we shall have an examination tomorrow. などと言いますが、この I'm afraid なども、

It will rain this evening, I'm afraid.

He will come, I'm afraid.

We shall have an examination tomorrow, I'm afraid.

のように言っていいわけです。

Will he come, I wonder?（あの人は来るかしら）と、

I wonder if he will come.（彼が来るかどうか私は疑う）

とを、くらべてみたら、どっちがいきいきした感じがあるかわかるでしょう。もちろん前の文章です。

I hear (that) she comes from Hawaii. なども、「彼女はハワイの生まれだってさ」という心持で、I hear は、「…だとさ」という軽い気持でしょう。ですから、that などはぶくのはもちろん、I hear も、後へまわして、ちょっと軽くつけておけばいいのです。つまり、

she comes from Hawaii, I hear. のように。

A little bird told me (that) they're going to get married.

この that も同じような理由で、省いてよいのです。A little bird told me（小鳥が私につげた）とは、「だれかさんが言っていた」、つまり、「…だそうだ」ということでしょう。ですから、「あの二人は結婚するそうだ」という意味。「小鳥が私に言った」なんて、ちょっといいでしょう。

小鳥を小指に変えて My little finger told me……も同じような意味に用います。

It is too bad (that) I have to celebrate my birthday by myself. は、「ひとりで誕生日を祝わなくてはならないのは、ざんねんだ」ということですが、この that もはぶいてよいことはわかりますが、ついでに、はじめの It is もはぶいて、

Too bad I have to celebrate my birthday by myself. のように、簡略にしてもいい

わけです。こんなところから、

(It's) Funny (that) he doesn't come.（おかしいな、あいつが来ないのは）だとか、

(It's a) Pity (that) he's ill.（病気とはきのどくに）だとか、いろいろ類推できるでしょう。

This is the house in which he lives.（これは彼が住んでいる家です）は、堅い感じがしますから、which を省いて、in を後にまわした、This is the house he lives in. が、話し言葉です。もっとも、この内容なら This is his house. と言ってもすむところでしょう。

There's a man (who) wants to see you.（お目にかかりたいという人がおります）などは、本来ならはぶけないわけですが、There's a man. と A man wants to see you. とが、映画のスーパーインポーズ（二重うつし）のようなことになって、はぶかれたのです。

I'll tell you what.（まあ、おききなさい）は、what のつぎに it is を補って考えるべきものです。こういうふうに終わりの部分をちょんぎったのもあります。日本語でも、みなまで言わぬことはよくあるでしょう。わかっていることを全部しゃべっていたら、

いらいらしてきます。

また、"Is he ill?" "I'm afraid so." （「彼は病気かね」、「そうらしい」）の so のように、一語よく前文を代表することもあります。これは日本語とたまたま同じですから、おぼえやすいですね。

"I didn't go." "Why not?" （「私は行かなかった」、「どうして？」）。この not も、前文を代表しています。こういうふうに簡単に表現できるのが、生きた言葉の便利な点です。

また、not so bad（「悪くはない」「かなりよい」）も、便利な表現なので、よく使われます。たとえば、

"How's that girl?" "Not so bad." （「あの娘はどうだね」、「まあね」）のように。

I know better. という言葉もよくつかいます。

「私はもっとよく知っている」とだけでは何のことかわかっていない。「そのくらいのことは知っている」、つまり「そんなことを知らないほど馬鹿ではない」という心持です。

You're a man of forty. You ought to know better. （君も四十男じゃないか、そのくら

いの分別がつかなくてどうする）などというふうに使います。

前置詞もだんだん使わないですますようになってきました。I don't think that way.（私はそんなふうには思わない）など、in that way としていないところに注意してください。

Do it the way I do it. は、「私がやるとおりにやりなさい」という意味です。You'd think she's thirty the way she speaks.（彼女の口のききかたからすると三十ぐらいな感じだ）など。

前置詞さえも時にはぶく

He walks with a pipe in his mouth.（パイプをくわえて歩く）のような言い方も、だんだんと with や in などをはぶき、ついでに a や his もはぶいて、He walks, pipe in mouth. のようにする傾きがあります。簡単ですね。shoes in hand（靴を手にもって）、book under arm（本をこわきにはさんで）と、いくらでもできます。

もう一つの例をあげましょう。a sort of〜, a kind of〜は「一種の…」の意です。a sort of school「一種の学校」、a kind of politician「一種の政治家」のように。ところ

が口語では、それからさらにaを除き、形容詞などと結びついて「多少…」「いくらか…」の意に用います。たとえば、

I am sort of tired.

She is kind of sick.

は、それぞれ「私はいくらか疲れた」、「彼女はいくらかぐあいが悪い」の意です。

これらのつづりは、さらに発音されるようにくずれて、sorter, kinder のようになります。

I'm sorter tired.（私はだいぶ疲れた）

She's kinder sick.（彼女はいくらか病人だ）

を、「私は疲れた分類をする人」だの、「彼女はもっと親切な病人だ」などという誤解が生まれるのです。

なお、of a sort, of a kind のように名詞より後におきますと「まあ、一種の」「いい加減な」「インチキな」という悪い意味になります。a school of a sort は悪くいえば「インチキ学校」ですし、a politician of a kind もあまり尊敬した言い方ではありません。

そのほか、話し言葉の簡略化をかんたんに記してみます。

▲ It's me.（それは私だ）のように、I でなく me をつかいます。Who are you waiting for?（だれを待っているのですか）も、whom でなく who をつかいます。

▲ shall と will の区別がだんだんなくなり、will に統一される傾向があります。

▲ 発音の上では I don't know. Won't you go? のようにちぢまってきています。

(3) 具体的に表現すること

動詞より名詞を使うこと

生きた、話し言葉では、力強く、ぐっと印象的な表現をするようになります。いろいろありますが、抽象的よりも具体的な語を用いるほうが、ぐっと印象的になりましょう。

「彼女はジャズがとても上手《じょうず》だ」という意味を表わすのに、She can sing jazz very well. と She is a wonderful jazz-singer. とを比べてごらんなさい。どちらが印象的でしょうか。もちろん後の方でしょう。前の方が、ただ「上手に歌える」という能力を表わしているだけなのに、後の方は、ずっとあざやかで、舞台で歌っている表情や、照明や、投げられるテープや、若い聴衆の、溜息《ためいき》や喝采《かっさい》まで感じられるではありませんか。つまり、動詞よりも名詞を使うほうが、ずっと印象的になるのです。

生きた人間ばかりでなくても、やはり動詞より名詞のほうがあざやかです。〝ジングルベル〟の、

Oh, what fun it is to ride in a one-horse open sleigh!

にしても、fun（たのしみ）という名詞を使っているからこそ、ソリに乗ってすべって行く壮快さがよく出ているので、これを動詞とか形容詞にしたら、おもしろさがだいぶ水ましになります。

名詞の中でも、とくに具体的な形をもったものを使うと、いよいよ印象あざやかになります。

「だれかに手伝ってもらわなくちゃいけないのだ」という意味も、He needs be helped. より、名詞を使った、He needs help. の方が印象的でしょう。それよりもさらに、He needs some helping hand. という具体的な名詞を使った表現が、あざやか

でしょう。

大地主がいて、そこの畑でたくさんの働いてくれる人がいるとすれば、He has a lot of farm hands. のように言います。わかりやすいでしょう。じっさいに、手を動かして、働いている人たちが想像されますから。

He has a warm heart and a bright head. といえば、He is kind and clever. よりも、印象的でしょう。

a man of nerves というと、〈心臓がつよい人〉ということになります。nerve は、「神経」のほかに「気力」の意味もあるのです。「神経の男」などというと、神経質な男のようにも、とられそうですが、英語では、反対に「心臓がつよい人」の意です。nervy（心臓のつよい）という形容詞もあります。

You've got a lot of nerve wooing her.（彼女に求婚するなんてたいした心臓だね）のようにも使います。

もっとも He is all nerves. といえば、「彼はじつに神経質な男だ」ということになります。ここに、じつに無口な、めったに口をきかないでだまりこくった男がいるとします。それに対するいろいろな表現がありましょう。He is a silent man. だとか、

He is dumb. などと。しかし英語では、こんな比喩を用いて表わすこともあるのです。He is an oyster of a man.（彼は、牡蠣《かき》のような男だ）。なるほど、じっとおしだまっている男と、カキとはおもしろい取合わせではありませんか。

これから、an angel of a girl（天使のような女の子）、a brute of a man（けだもののような男）、a devil of a fellow（悪魔のようなやつ）など、いろいろ印象的な言い方ができます。

もっと簡単に、He is a devil!（あの男は悪魔です！）、You brute!（このけだものめ！）などともいえるわけです。

どれも、みな、具体的な名詞を用いたために、印象的になっているところに、注意してください。

進行形をよく使う

I write.（私は書く）と、I am writing.（私は書いている）とをくらべると、どちらが、いきいきとした現実感を与えるでしょう。もちろん、後の、進行形でしょう。

ですから、生きた話し言葉の英語には多く用いられるのです。たとえば、Dinner

is ready.（晩ご飯ですよ）と言われたのに対して、（I'm）Coming right now.（今、行きます）と、I come……と、どちらが、描写的かわかるでしょう。see（見える）や hear（聞こえる）、その他知覚の動詞は進行形にしないなどといいますが、I'll be seeing you.（またお目にかかりましょう――さよなら）を、I'll see……と比べれば、どんなに描写的かわかります。だから、これをもじった Abyssinia! という学生のスラングがあるくらいです。

Now I must be going.（さあ、もうおいとましなくてはなりません）だとか、Let's be up and doing.（さあ、これからがんばろう）などというきまり文句もあります。

You are not going to do so.（君は、そんなことをしてはいけないのだ）という禁止や、He is always telling a lie.（あの男はいつでもうそばかりついている）という非難まで、進行形で表わすことができるのです。話し言葉によく用いられることも、これでわかるでしょう。

be dying to…というのは、「とても……したがっている」ということになります。

I'm dying to have this car.（このクルマほしいなあ）

I'm dying to see you.（あなたに会いたくて会いたくて）

というふうに使います。

come and see 型

come to see（会いに来る）のようなばあい、to の代わりに and を用いて、come and see 式に言います。たとえば、「今晩、遊びに来ないか」を Come and see me this evening. というように。

Do try and behave well.（おぎょうぎよくなさい）、Go and help her.（彼女の手伝いに行ってやりなさい）なども、同じような場合です。

なお、これが、もっとくだけると、and もはぶいて Come see me. というふうになります。（もっとも、これはおすすめできません。）

go and do は、「おろかにも……する」とか、「運悪く……してしまう」という感じがあります。go はじっさいに歩いて行ったり、するのではありません。

What a fool to go and do such a thing! は、「わざわざ、そんなことをするなんて、なんたるばかだろう！」です。そうかと思うと、He has been and gone and done so.（おろかにもそんなことをやってしまった）という三重奏もあります。

印象的に表現するその他の例

「このくらいの厚さだよ」というとき、指で示して、This thick. のように言ったり、「少なくともこの程度まではあきらかです」を、This much is clear, that……、「彼はあんなに無情なやつさ」を、He is that heartless. のように this や that を印象的に使います。

「ほら、着きましたよ」、「そら、ここにありますよ」といった、Here you are. なども、ぐっと印象的で注意をひきます。

また、have の意味をはっきりさせるために、have got を用います。これは親しい感じを与えます。I've got a lot of things to do.（することがうんとあるんだ）のように使います。I've got to go. のように用いて、「ねばならぬ」の意味も表わします。

また、get＋過去分詞で受身になります。All of them got caught.（一味はみんな捕まった）とか、おなじみの I got my hair cut.（散髪した）のように。be よりも動作の感じがぐっと強まります。

(4) 喜びも悲しみも、感情をこめて

誇張のいろいろ

I think so.（私はそう思う）を、I do think so. と do を強めていうと、「私は本当にそう思います」ということになります。

just や right や simply などといったたいした意味もない言葉を用いて強めることは、話し言葉ではざらです。The weather is just glorious.（まったくすばらしい天気だ）、Come right in.（まあ、おはいりなさいよ）、That's simply wonderful.（ただもうすばらしい）など。

Thank you so much. や、I am so sorry. は、女性が多く言うようです。女性の言葉といえば、I'm dying to see you.（ぜひともお会いしたい）のような誇張した言い方も、女性に多いといえましょう。女性のほうが一オクターブぐらい高いのでしょう。

「死」「生」というような語を用いれば驚きでしょう。ですから、I am dead tired. I am tired to death. といって、「私はとても疲れた」という感じを強く出したりします。

また I can't, for the life of me, think of her name.（どうしても彼女の名前が思い出せない）とか、Upon my life, I will keep the secret.（ちかって秘密を守ります）などというのです。

比《ひ》喩《ゆ》を用いる

「腹ぺこだ」を I can eat a horse.（「馬でも食べられる」）といえば、よっぽど、おなかがすいていることがわかるでしょう。I am very hungry. では、ただ事実を述べただけで、少しもおもしろくありませんが、こういうアメリカ的な誇張した表現をきくと、プロレスのアントニオがおなかをすかしているようです。むかしからある比喩では、I am as hungry as a wolf.（オオカミのように空腹だ）などといいます。こういうのはいわば、きまりきった比喩ですが、話し言葉には、こういうむかしからのきまった比喩をよく使う特性があるのです。

たとえば、as snug as a bug in a rug（とても居心地のよい）などというおもしろい比喩もあります。この snug は「こぢんまりして居心地のよい」意、bug は「ナンキン虫」、rug は炉の前にしく「じゅうたん」「毛氈《もうせん》」ですから、「毛氈の中にぬくぬく

アメリカ的な誇張した表現。「馬でも食べられる」とは「はらぺこ」という意味。

としているナンキン虫のように心地よい」ということです。snug, bug, rug と語呂《ごろ》が三つとも合っているのと、たとえが、なにしろ庶民的なナンキン虫だから、ユーモラスです。

たとえば、のんびりこたつにあたっているような場合に、

I am as snug as a bug in a rug.

と言えばよいのです。

それにしても、英語は as〜as というたとえがじつに好きです。おもに動物にたとえているのは、あだ名にカバだのクマ

だのをつける日本人と同じ好みです。少し例をあげてみますと、

as blind as a bat（こうもりのように目がきかない）

b- の音が同じなところに注意してください。つぎも同じ。

as cool as a cucumber（きゅうりのように平然とした）

日本ならヘチマというところ。取合わせがおもしろいでしょう。cool と cucumber で、これも c の音が同じ。

as dead as a door-nail（まったく死んでいる）

door-nail は「ドアの飾りくぎ」のことです。その他おもしろいのをもう二つ、三つあげると、as poor as a church mouse（教会のネズミのように貧乏な――赤貧洗うがごとし、などと漢文では申します）、as pleased as Punch（とても喜んだ）などといろいろあります。Punch は、ポンチ（人形芝居の主人公）のことです。引きあいに出すものがないときにも、as happy as happy can be だとか、as happy as anything などといいます。これなら、何にでも使えてたいへん便利ですね。

比喩ついでにつぎのようなしゃれ（pun）もあります。for donkey's ears（長い間）といいますが、これは ears と years とをかけたもの。ロバの耳が長いところから、

for long years「長い間」の意味に使います。

I've been learning English for donkey's ears. Still I can't speak with Americans.「ずいぶん長く英語を習っているのに、アメリカ人と話ができない」のように用いられるでしょう。

驚き・困惑などの表現

神さまをひき合いに出したいろいろな言い方があります。My God! It's already 9 o'clock.（こりゃ困った、もう九時だ）、Oh my! My dog is gone.（あら、犬がいない）など。

その他 Well, I never!（そんなことまさか）があります。never には、「まさか」という驚きを表わす意味もあります。たとえば、"He has died." "Never!" は、「彼は死んじゃった」、「まさか」という意味。「けっして」でははっきりしません。Well, I never! は、それをさらに、はっきり表わしたものです。

so there というのは、「とってもだ」ということです。これは強めですが、挑戦的な気分をあらわし、文の後におきます。

I love you so there.（こんなに好きなのだから、もうだめよ）というぐあいです。

そのほかには、世界や地球を使って強めます。

What in the world are you?（いったい全体、君は何ものだ）

What on earth shall I do?（いったい私はどうしたらよいのか）

それから、「ちっとも……ない」のような否定を強めるのにも、at all ばかりでなく、ピン一本だの、ワラ一本だの、ボタン一つだの、髪の毛一本だの、小銭だの、価値のないものを引合いに出します。たとえば、I don't care a pin about it.（そんなことは少しもかまわない）のように。

ののしりの表現をするには、hell や damn な

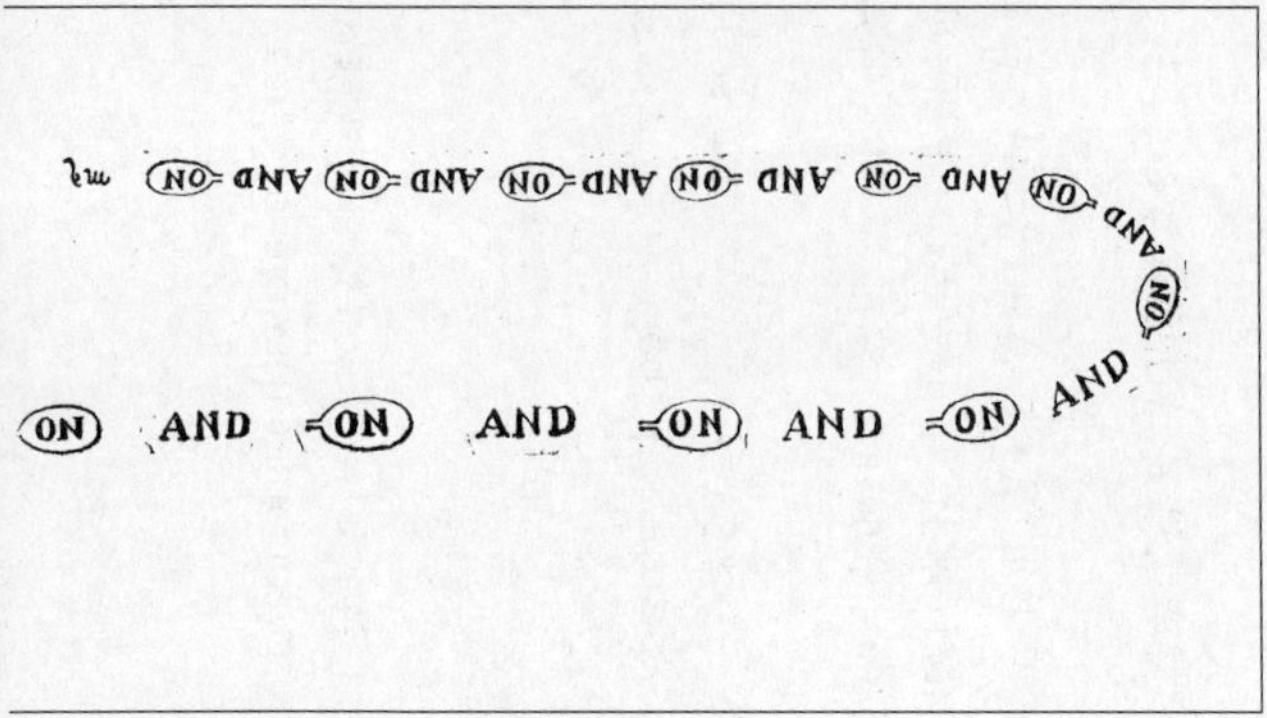

どを用いてあらわします。意味がわかるのはいいが、あまり使わないほうがよいでしょう。

What the hell do you want?（いったい、何がほしいんでぇ）

Go to hell! Damn you!（こん畜生）

感情をこめるその他の例

名前や、職名などをよぶのも、感情がこもりましょう。

What do you think?（あなたはどう思うか？）

What do you think, my dear?（ねえ、あなた、どう思う？）

この二つをくらべてみると、後の方がぐっと感情がこもっていることがわかるでしょう。また同じ語、同じ意味の表現を重ねると感じが強

感情をこめて表現すること、「彼はどんどん走った」という感じを出す。

まるでしょう。

Don't cry, don't cry, my Jane.（泣くな、泣くな、ジェーン）

"Crack! crack! crack!" went the fire.（火がパチパチはぜた）

He ran on and on and on.（ドンドンドンドン彼は走った）

It is over and done with.（それはもう、すっかりすんだ）

could, might, should, would など過去の助動詞を使うと、けんそんした、あるいは、遠まわしの感じが出ます。

I should say he is mad.（まあ、あの男は無分別でしょうね）

I should think so.（まあ、そうだと思います）

Would you mind opening the window?（窓をあけてくださいませんか）

I would like to go.（行きたいものだ）

Could you spare me a moment?（ちょっとおつきあい願えるでしょうか）

Might I ask your name?（お名前をうかがってもよろしいでしょうか——失礼ですがどちら様でいらっしゃいますか）

その他、音調や語調などで感情をいろいろに表わせます。

if you please は「もし、よろしかったら」という意味のほかに、「ヘンな話だが（信じまいがどうか反対しないでくれ）」という意味に用います。たとえば、She has a very sexy voice if you please.（妙な話だが、あの女の声はじつにセクシーなんだ）のように。

このように、英会話をやるのにも、話し言葉のルールは役に立ちます。そのルールは、じっさいに英語の本を読んでいるうちになるほどと確認されますし、また自分でルールらしいものをさとる場合だってあるでしょう。

ルール16　簡潔な言語経済化を行なうこと。
ルール17　印象的なこと、動詞よりも名詞を、抽象的よりも具体的に。
ルール18　喜びも悲しみも、感情がこもる表現。

7 英語を話すコツ

(1) 沈黙は鉛《なまり》なり

心がけしだいで話せるようになる

英語を話しましょう。長い年月、いちおう英語をやったのですから、話せなければ、つまりませんし、腹立たしい気持になるのも無理はありません。心がけしだいで話せるようになります。

むかしは、雄弁は銀、沈黙は金、といいましたけれども、話せないことの言いわけに聞こえます。現代では、沈黙はあきらかに鉛です。言うは言わぬにいやまさるのです。

あなたも病院へ留学できる

外国語をうまくしゃべれるようになるためには、それを話している国へ、直接行くがいい、と申します。それは、そのとおりでしょう。だからといって、だれもかれもアメリカへ行けるとは限りませんし、行った人がみなよく話せるようになって帰ってきたわけでもありません。けっきょく、心がけの問題だと思います。

一年ぶりで会ったある人が、ひじょうに英語がりゅうちょうになっているのに驚いて「君、うまくなったね。アメリカへ行っていたの?」と聞きますと、にやり、と笑った彼は、こう言いました。「T・B病院へ留学していました」

つまり、若い人にありがちの呼吸器疾患で日本の病院にはいっていたのです。しかし、それほど重症でもなかった彼は、規則正しい療養をしながら、何か一つ、じっくり身につけようと思い立ったのだそうです。それに、気をまぎらせるものがないと、病気のことばかり考えてノイローゼになり、かえってよくありません。そうして、シャバにいた時、いつも希望しながら実行できなかった英会話の勉強をはじめたのだそうです。といって、病院にアメリカ人がいたわけでもなく、声を出すこともちろん禁じられています。ただ、短波のきける携帯《けいたい》ラジオだけが相手だったのです。そうして、新聞でしらべて、許された時間にきける日米の番組を選んで、一年聞きつづけたのだそうです。はじめは、カレント・トピックス、いや天気予報もよく聞きとれなかったのに、続けているうちにだんだんはっきり聞きとれるようになり、やがてニューヨークからの舞台中継や"Make up your mind."(クイズの一種。あなたの心をきめなさい）などが楽しめるようになったそうです。

それでは聞きとりだけの一方交通だ、話す方はどうなのか、という疑問が起こるかもしれません。しかし、耳と口とは無関係のものではないし、聞きとる訓練は話す訓練につながるのです。だいたい、会話ということは相手があることです。だから、こちらが話すだけではなく、相手の言うことを聞きとれなくてはだめです。聞き取りが先決問題です。そして、相手の言うことが聞きとれるくらいなら、何とか答えられるでしょうから、目的は半分以上、達したことになると思います。

なお、彼は、そうして聞いていると、自然にいろいろな表現をおぼえ、声に出さないで口を動かし、あるいは、想像の上で相手を設定して対話をしたりした、と言っています。また、テネシー・ウィリアムズや、ノエル・カワードなど現代作家の戯曲を愛読したそうです。こうして一年、病気は直り、英会話もうまくなって、カムバックしました。「英会話がうまくなりたければ、病院へはいることですね」と笑っていました。

聞きとれないものを聞きとろうとするのは、努力、緊張のいることですし、声には出さなくても、つい呼吸器を使いますから、軽症ならとにかく、呼吸器疾患の人が英会話の勉強をするのは適当とは思いません。ただ、心がけしだいで、外国へ行かなくても、けっこう話せるようになる例としてお話ししたわけです。

外国人のガールフレンドと交際した例

よその土地へひっこして、いちばん早く、その土地の言葉になれて使いだすのは子供です。柔軟性があり、へんな自意識がなく、すぐ友だちができていっしょに遊びはじめるからです。そういう点は子供を見習いたいものです。

外国人の友だちができることは、そういう意味でも、いいことです。ある人は、会話上達のよい方法として、外国人のガールフレンドがあるといいと言っています。何とかして考えや感情、あるいは愛情を伝えたいと思えば、自然いっしょうけんめいになるでしょうから。意欲で言葉の障害を乗りこえましょう。何事にもはげしい意欲をもつことが必要です。

誤りを恐れないこと

私たちは、日本語をしゃべっている時、まちがいをしないでしょうか。いや、そんなことはない。していますよ。気がつかない誤りや、うっかりした誤りを入れたらずいぶんあるでしょう。しかし、あまり気にしないではありませんか。

ところが、英語を話す場合はどうでしょう。小心よくよく、ひたすらまちがうことを恐れています。こう言っては文法的にまちがいではないかしら、などと。

それからまた、日本人は、英語を話すものへの反感も手つだって、あいつは三人称単数の動詞の語尾のsを落としたとか、アクセントをまちがえた、とか、批評をしがちです。そのくせ、自分は、何にもしゃべらないか、しゃべれば同じようにまちがえるのです。むずかしいことですが、私なども、どうも、こういう気持からぬけきれません。だから、同業の連中の前で英語を話すのは、じつにいやです。まちがいをしはしないかという恐れと、まちがって、何とか言われはしないかという恐れとが重なるので。

しかし、これはつまらないことです。日本語だってまちがうんだ、まして英語は外国語だもの、まちがうのがあたりまえだ、くらいに気持を楽にもって、大胆にしゃべり、大いにまちがえましょう。文法など、あまり気にしすぎずに。

また、相手が外国人だからといって、ヘンに堅くなったり、卑屈になったり、あるいは、その反動で粗暴になったり、してはいけません。ごく普通に話しましょう。真剣勝負をするわけではないのです。

(2)　あなたも外国人と話すことができる

会話は口だけでするものではない

外国人の話すのを見てごらんなさい。口ばかりではなく、目で、顔で、手で、からだ全体で話しているではありませんか。

同じ Thank you. にしても、ほんとうに感謝の気持のこもった微笑とともに言われると、その微笑がずっと後までこちらの心に残ります。顔の筋肉一つゆるめず無表情で言われるのでは、すこしもうれしくありません。

なにも、うそをつくことはないのですが、長いあいだ、万事ひかえめに、喜怒哀楽《きどあいらく》をおもてにあらわさないのが美徳とされ、そのようにしつけられてきた私たち日本人は、思いきって、率直に、感情表出を、口だけでなく、全身でするようにしたら、どうでしょう。少しオーバーなくらいで、彼ら的感覚にはちょうどよいでしょう。とくに注意したいのは、日本語のばあいでもそうですが、相手の顔を見て話すことです。相手の目をみられないのは、何かうしろぐらいことでもあるようで、感じがよくありません。

彼らはとにかく表情たっぷりです。たとえば、片目をつぶってしてみせる wink によって、二人だけの親愛の電波を送るのはもちろん、Keep it secret!（黙っていなさい）だの、Only a joke!（なあに、こうは言っているが、じょうだんだよ）だの、あそこでしゃべっている男は What a fool!（何てばかだろうね）とかの意味を、口以上にあらわしたりします。肩を shrug（すくめる）して Is that true?（ほんとかね）と疑ってみたり、What a nasty fellow!（いけすかないやつ！）と不快を示したり、Too late, too late!（おそかった、おそかった！）と残念がってみたり、悪いところを見られちゃって How awkward!（何てまが悪いんでしょ）と照れたりするのです。beckon（右の人さし指をこっちへ動かす）して、食堂で boy や waitress をよんで、Sirloin, underdone!（サーロイン・ステーキ、あまり焼かないで）と注文したりするのです。日本式な手招きを、しかも日本式無表情でやったら Goodbye! と思って行ってしまうか、何をこの人怒っているのだろう、と思うでしょう。手の親指と人差指で円を作るジェスチャーは「万ます。

事ＯＫ」という意味です。親指で上からおさえつけるかっこうは、under one's thumb（人の言いなりになって）という表現から、なるほどと思えるでしょう。米語では親指を鼻につけ、他の指をひろげるあざけりの身ぶりを、thumb one's nose といいます。

forefinger（人差指）と middle finger（中指）とを組むと悪魔からのがれられる、という迷信から「助けたまえ」というとき、そういう身振りをするのが映画によくあります。あるいは、親指と中指でパチンと snap して、Hang it!（しまった）を表わしたりします。kissing は親しい感情の表現ですが、Not seen you simply for ages.（まあお久しぶり）だとか、Bon voyage!（道中ご無事で！）などの言葉といっしょに頬《ほお》に受けることがあります。日本人は慣れていないので、あがってしまって、受けっぱなしにしそうですが、やはり返すのがエチケットでしょう。じつは私も失敗しました。とにかく表情はゆたかで、自由、全身で会話をしています。こういう点は、とかく、無表情な私たちには参考になるでしょう。気持のこもらない、とってつけたジェスチャーではこまりますが。

単語を並べるだけでも、抑揚《よくよう》だの、身ぶり手ぶりを加えてやれば、なんとか意思は通じるものです。

新聞の広告欄は、いかにして少ない語数で、必要にして十分なことを、効果的に、安く、表現しているかの見本です。たとえば、

Wanted—Old Dictionaries. High prices paid.（求古辞書高価中受）

このコンパクトな（中身のつまった）調子でやったら、楽ではないでしょうか。

たとえば、あなたがホテルのクラークだとします。客が何か無理を通そうとするのを、「まことにあいすみませんが、規則でございますので、いたしかねます」と撃退したい時、こんなふうに言えばいいでしょう。

I'm sorry. I can't do that. Regulations. どうです。やさしいじゃありませんか。regulation は辞書では「規則」です。しかし、こういう状況で、こういうふうに言えば「規則でございますから」という文章の代用に十分なっています。

親しい者同士で「おなかすいてる？」「うん、とっても」というのなら、"Are you very hungry ?" と強くうければ、"Hungry ?" ↗と上がり調子できき、"Very." ↘と強くうければ、

“Yes, I am very hungry.” などという文部省検定教科書型の問答より、いきいきとしてくるでしょう。

「お静かに願います。こんどは本番ですから。カメラ用意」と言うのを何と言うかなと思っていましたら、こんなふうに言っていました。「お静かに願います」は、Quiet, please. と最短距離の表現で、Be もついていません。「ですから」も取ってしまうし、「カメラ用意」も Camera だけで十分注意をうながしているわけです。そして「用意」もはぶいてしまうのです。つまり、Quiet, please. This will be a take. Camera.

言い直しをしないこと

いったん、ある言い方で話をはじめたのに、その言い方をすてて、別のに乗りかえるのはしない方がいいようです。「女性と同じことさ」という人もありますが、それは私にはわかりません。乗りかえてうまく続けられるとは限りませんし、だいいち、あんまり言い直しばかりされると、聞いている方でいらいらしてきます。何とか言えるものです。

たとえば「君は行く必要がある」という意味を言おうとして、いったんIt is…と話し出したのに、You…と切りかえてもnecessary（必要な）という、人間でなく事がらに使う言葉がまだ意識に残っているため、You are necessary to go. などとまちがったことを言ってしまうかもしれません。それよりも、It is…に、necessary for you to go. とか、necessary that you (should) go. をつなげばよいのです。

少しお酒がはいると、あんがいうまく英語を話している自分に気がつくことがあるものです。アルコールのおかげで、舌がほぐれ、少しぐらいのまちがいを気にかけなくなるのと、他の表現など忘れてしまって、一つ表現にずっと集中できるようになっているからでしょう。

(3) 会話のしかけ方・受け方・つなぎ方

いろいろな話題をもっていること

話すことがなければ会話が成りたつわけがないので、いろいろな話題をもち、それの英語の表現をたくわえておき、これを生かしてください。数字や、統計なども、ふだん心にとめておくと何かにつけて便利です。きまりきった天候のあいさつなども、ちょっとした頭の働かせ方で、気のきいた会話になります。

切り出しの表現

いくつかの、話の切り出しようの表現を知っていると楽です。

Hello, George. Not seen you for an age. How are you?（やあ、譲二。久しぶりだね。元気かね）のように。How are you? は健康をきくのですから、

I'm quite well, thank you. とか Fine, thanks とか Fit as a fiddle, thank you.（いずれも「おかげで元気です」の意）などと受けてから And you?（あなたは）と問いかえすのです。How are you? ときかれて How are you? と応じるのはトンチンカンです。

また、元気がないのに、元気だと答えてはウソになりますから、I have a slight cold.（すこしかぜ気味でね）、I feel rather out of sorts.（なんだかぐあいがわるいんです）、A bit under the weather.（すこし調子が悪いんだ）などと言います。Oh, that's too bad. Hang-over?（それはいけないね。二日酔いかね）などと応じてくれるでしょう。

I'm unwell. は、アメリカ人は I'm in my menses. I'm in my time. という意味ですか

ら、避けた方がいいでしょう。

How goes it?（やあ、どうだい）、How's the world treating you?（景気はどうだい）などというくだけた問いもあります。Not so bad.（まあね）とでも受けておけばよろしい。

はじめて人に紹介された時や、知人同士が道で会ったときの「やあ！」はHow do you do? です。返事も同じくHow do you do? です。I'm quite well, thank you. と受けては、これまたトンチンカンです。

そのほか、Hallo, Bob! You're home again.（やあ、ボブ、また帰ってきたね）、It's indeed a surprise (to see you here).（これはおめずらしい）など。

聞きじょうずになること

自分ばかりしゃべって、相手に何も話させない人がいますが、そういう人は会話がうまいとはいえません。ほんとうの話じょうずは、聞きじょうずなものです。人間、いちばんよく知っているのは自分のことですから、失礼にならぬ程度で自分のことをしゃべらせるのがいいでしょう。たとえば、相手が学生なら、学校生活を話題にするといいでしょう。外国から来たばかりでさびしそうなら、Where are you from?（お国は？）、What state do you come from?（何州のお生まれ？）、Missing home, aren't you?（ホームシックじゃない？）などと言ってみ、ロスの人だったらHollywoodだの映画だのに話をもってゆくとかします。また、スポーツ、映画などの何かしら趣味や得意なもののない人はありませんから、What's your hobby?（ご趣味は？）だとか、Are you interested in skiing?（スキーはお好き？）などときいてみると、とたんにニコニコとなって、乗りだしてくるというわけです。

相手の心理をつかむこと

商売の方で"YOU ATTITUDE"（相手の身になって考えること）ということを申しますが、会話でも同じことです。夕映《ば》えの中にあざやかな東京タワーの美しさに感心している女性に、How many meters do you think it is?（何メートルあると思う）ときいたら英語がどんなにうまくても、いっぺんできらわれてしまうでしょう。

あいづちの打ち方

講演だってしゃべらせっぱなしの一方交通で、うなずきもせず、笑いもしない、Hear, hear! ともいわないという反応のなさでは話すのがいやになってしまいます。座談ではなおさらです。適当にあいづちを打つ必要があります。Quite yes の意味の That's right. が最も多いようです。Quite so. （まったくだ）、Quite right. （そのとおり）、Exactly. か Naturally. などを適当に使い分けるといいでしょう。いつも、ごもっともとは限らないのですから。もちろん反対のばあいには使えません。反対は反対でも、No. とか I don't think so. とか That's not true. などは親しい間がらでも強すぎるでしょう。反対はなるべくおだやかな表現がいいでしょう。過去の助動詞を使うとおだやかになります。I don't think so. より、I shouldn't think so. の方がまだていねいです。まずできそうもないと思っても、Well, it might not be quite impossible. （そうだね、全く不可能でもないかもしれないね）とか、I'm afraid I could not quite agree with you on that point. （その点は、全面的に賛成とも言いきれないようです）というように。

そうですか、と応じるには

Is that so? ばかりを重ねるのはまずいでしょう。それより、相手の言葉を利用すればいくらでもできます。I'm going down into the country.（これからいなかへ行くのだ）と言われたら、Oh, are you?（へえ、そうですか）と受けておいて、Pleasant trip!（愉快に行っていらっしゃい）などと言ってやるのです。

We had a very good time at Hakone!（ぼくたち、箱根で、とても愉快だったよ）と相手が言ったら、Oh, did you? と受けてから、How I envy you!（まあ、そう？　うらやましいったらない）と言ってやる、といったぐあいです。

適当に話題を変えること

同じ話題ばかりだとあきもしますし、相手ばかりしゃべるとだんだんスピードもまして、聞きとりにくくもなりましょう。そういう時、「あの、時にですね」（By the way）だとか、「…といえばですね」（Talking about～）などとして、話題を転換させるといいのです。あまり大きな声では言えませんが、会話のイニシァティヴをこっちがいただいている方が気が楽ですよ。どうも聞きじょうずの人は、また、この話題の転換がうまい人で、いつのまにか、自分の好きな方向へ話をうまく運んでしまっています。

訂正するには

「今会ったよ、ジョンさんに、いや、その奥さんの方さ」のように、訂正をする場合noだけでは、堅すぎて、兵隊の「もとへ」みたいです。I've just met Mr. Johnson—no, Mrs. Johnson, I mean. のように言えばいいでしょう。I mean to say……（こう言うつもりです↓つまり、そのー）などでもよいでしょう。

相手がつまったら、You mean……？（つまり、こうなんでしょう……）などと、助け舟を出してやるといいでしょう。

Yes・No のつかい方

せっかく話しかけてくれたのに、返事をしないのは、たいへん失礼です。だまっていないで、かならず答えましょう。

そうか、そうでないか、を聞かれているのでしたら、Yes か No か、はっきり答えることです。日本語では、「ええ、まあ」などと、アイマイな表現をすることがありますし、もっとほしいのにいちおう、辞退してみせ（相手だってそれはちゃんと知っています）、さらにすすめられて「それでは、せっかくですから、もうすこしいただきましょう」などと、しぶしぶ（じつは、いそいそ）もらったりします。その伝《でん》で、Have some more.（もっと、めしあがれ）といわれて、No more, thank you.（もう、けっこう）と言おうものなら、もうすすめてなどくれません。反対に、きらいでも、断わっては失礼かと思って、Yes, please.（ええ、どうぞ）と言ってしまったために、いやなものを死ぬ思いで食べなければならなくなった人もいます。

相手の好意をことわる方法

日本人はどうもことわるのが苦手です。せっかくああ言ってくれるのだから、などと思うと、つい、はっきりNoと言わないため、かえって苦労したり、誤解されたりします。

Won't you have another cup?（お茶をもう一ぱいいかがですか）といわれて、ことわるには、No. だけではぶっきらぼうですから、No more, thank you. とかNo thanks.

とします。その後に、I've had enough.（もう十分いただきました）などをそえれば、なおけっこうでしょう。

Won't you come with me to see Ben Hur?（『ベン・ハー』をいっしょに見に行かないか）とさそわれたのをことわるとしたら、I would like to, but I have a previous engagement. Thank you all the same.（行きたいけれど先約があるので。せっかくですが）と理由を述べてことわります。この Thank you all the same. とか Thanks just the same. をうまく使ってください。「行けないけれど、行ったと同じくらい感謝しています」という感じです。

聞きとれなかったときにはどうするか

わかるまで問い返しても失礼にはなりません。聞きとれなかったら、I beg your pardon.↗（もう一度おっしゃってくださいませんか）と、上がり調子でききましょう。Beg pardon? でも pardon? だけでもよい。聞きとれなかったのに、聞き返しては悪いと思って、Yes. と答えると、とりかえしのつかないことになりますよ。Do you love me? とか Lend me 100,000 yen. などという問いだったとしてごらんなさい！

とくに、相手の名前はぜひおぼえましょう。ききとれなかったら、ききかえすか、How do you spell your name?（どうつづりますか）とたずねるか、紙に書いてもらったらいいでしょう。

西洋人は名前をたくさんもっている

『宝島《たからじま》』を書いた有名な Robert Louis Stevenson のロバートが名で、スティーヴンスンが姓であることはご存知のとおりです（もっとも、日本とは順序が反対ですが）。では、まん中のルイスは何でしょう。

日本では、海野《うみの》広男《ひろお》や青山緑子《あおやまみどりこ》のように、姓が一つ、名も一つです。ところが、彼らは「姓」（surname とか family name とかいいます）と、洗礼を受けた時につけられる「名」（Christian name）のほかに、おじさんやおばさん、その他の人びとからもらう名もあるのです。それで最初の洗礼名のことを first name といい、その他の名は順に second name, third name……のように申します。ルイスは「第二番目の名」です。eleventh name まである人に会ったことがあります。

ちょっと話がそれますが、日本と同じように、姓名の由来を考えるとおもしろいですね。Goldsmith の先祖は金細工の職人だったでしょうし、Taylor は仕立屋、Shakespeare の spear は「槍」、shake は「ふる」ですから、先祖は「槍持ち」だったのでしょう。MacArthur や Macbeth の Mac は、スコットランドまたはアイルランドの人名について「…家の（むすこ）」という出身を示しています。テイラーといえば、エリザベス・テイラーのことをリズというでしょう。あれは何のことですか。イギリス女王と同じ Elizabeth のはじめと終わりをはぶいて Liz とした親しい呼び名です。このほか Eliza, Liza, あるいは前半をはぶいて Beth などともいいますし、もっと親しく「イー」とひっぱって、たとえばミッチーのように、Lizie, Betty などという呼び方もあります。エリザベスもベティも、同じ人なのです。そのほか、Thomas から Tom ができ、さらにもっと親しい、Tomy, Tommie などができます。William→Will, Bill→Willy, Billy などとなります。マーゴ・フォンティーンは Margaret からきていますが、Meg となると、ちょっと、もとがわからないでしょう。Robert からきた Bob や Catherine からきた Katy なども、わかりにくいでしょう。Hello, Joe! などといいますが、その Joe は Joseph の親しい呼び名です。Abraham Lincoln は Abe と呼ばれて親しまれてきました。

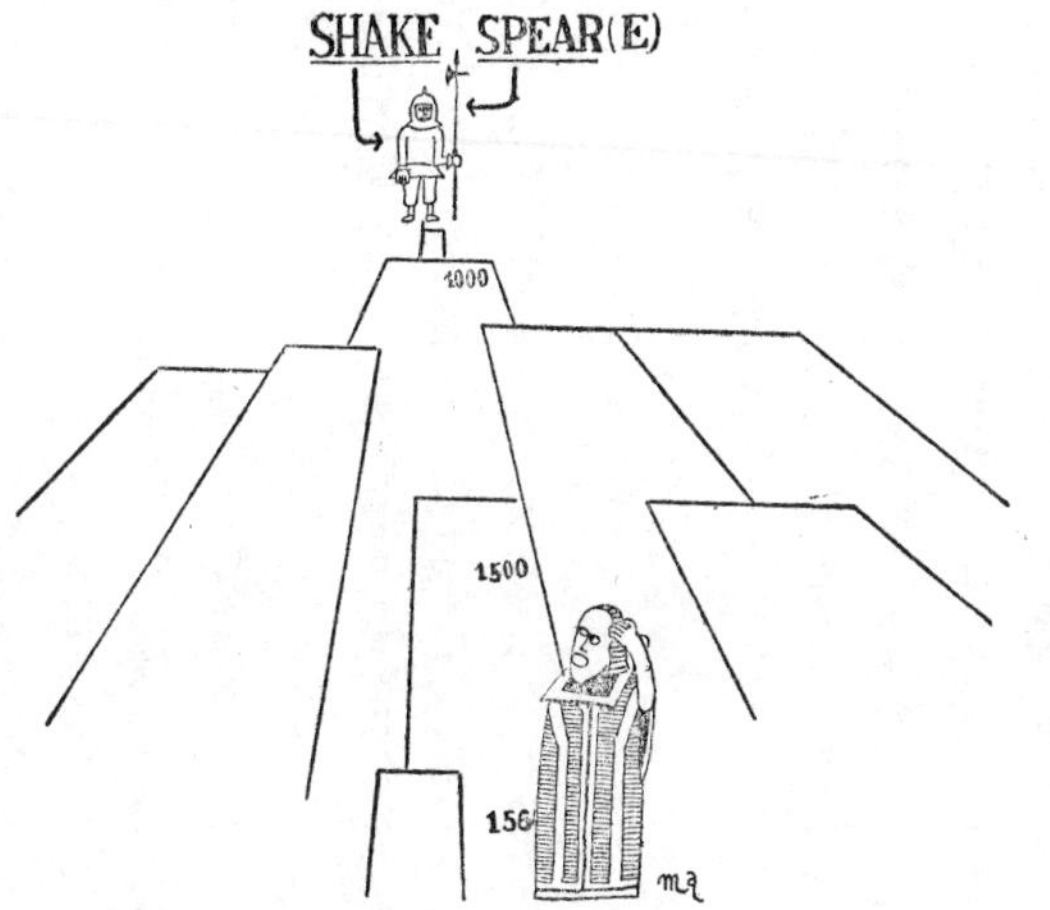

姓名の由来を調べれば先祖がわかる。シェイクスピアの先祖は「槍持ち」であった。

否定の問いに気をつけること

日本人が弱いのは、Don't you care for this cake?（このお菓子、あなた好きじゃなくて?）、Won't you have another cup of tea?（お茶をもう一ぱいおあがりになりませんか）のような、否定の問いです。この点、日本語と考え方が正反対です。日本語なら「いいえ、好きです」「ええ、もう、けっこうです」といいますが、英語では、「好きですか」であろうと「好きではないですか」であろうと、いいならいつも Yes で、いやならいつも No です。Won't you love me? といわれて、ことわるつもりが、うっかり日本式に Yes. と言ってしまったら、どうなるでしょう。

これがどんなにむずかしいかは、外務大臣にもまちがえる人がいたことからも、わかります。「日本は戦争を欲せざるや」——Yes. などといったらどういうことになるでしょう。

否定の問いに、すぐ応じられる自信がなかったら、どうしますか。こうやればいいでしょう。その問いを、こっちの言葉で言い直して「日本が戦争を欲するか欲しないか、とお尋ねですか。もちろん、欲しません。私はうそは申しません」というふうにです。

ぎこちない沈黙を避ける法

きびきびした言葉のやりとりは、打てばひびくような、はつらつとした感じがあっていいものですが、受けて立つ側の悲しさは、ぱっと切りかえせず、打てばへこみ、ぎごちない沈黙におちいりがちです。これを避けるには相手の問いをもう一度利用して時をかせぐとよいのです。Why don't you like him?（なぜ、あの男がきらいなの？）

ときかれて、とっさに理由が言いにくければ、You ask me, why I don't like him.（なぜ私が彼を好かないかとおたずねですか）と相手の問いを逆用して言いかえし、その間に時をかせいでおいて、Well, because he is selfish.（そうですね、彼は、自分勝手ですからね）というふうにします。

あいの手の文句をはさむ手もあります。たとえば、Well, let me see.（そうですね）とか、What shall I say?（何と申しましょうか）、as a matter of fact（じつはですね）、I bet you.（たしかに）、Sure thing!（たしかに）、I mean（その一…）、…if you understand my meaning（おわかりくださるなら）、The trouble is（こまったことはだね）、The fact of the matter is（じつはだね）、などとつけたり、I say, Mary, ……（ねえ、メアリ）とか、Yes, professor.（はい、先生）などと相手の名前や、職名などをはさむだけでも、数秒ぐらいは浮くでしょう。

(4) 英語を話すエチケット

これだけは知ってほしいエチケット

交際、訪問、食事、電話など、いちおうエチケットというものはあります。だいたい、常識で判断すればいいのです。それより、むしろ、エチケットを気にしすぎて、堅くなり、楽しみどころかノイローゼになるのを警戒すべきでしょう。

あまり個人的なことは聞かないこと

それほど親しくもない女性に、年齢をきいては悪いでしょう。どうしても知りたければ、終戦の年は小学校一年でしたかとか、両親や兄弟の年齢などをきいて割り出すとかしましょう。

収入や、独身かどうかなども、自然にわかりますから、遠慮しておきましょう。また、食事は楽しくするものですから、「食卓で政治と宗教は語るな」といわれています。また、日本人は、軽い気持で「どちらへ」といいますが、Where are you going?

などときかれると、探偵でもされているようで、小説のモデルにされなくてもプライヴァシーをそこなわれた感じになります。None of your business.（おまえの知ったことか）と言われてもしかたがありません。

お天気が、むかしから、いちばん人気のある話題なのも安全無害という理由があるからです。

紹介するには

あなたがピーターとジェーン先生とを紹介する時には、はじめにどちらの名前を言いますか。敬意をあらわしたい人の方へ先に言うのです。そして、ちょっと説明をつけ加えるといいでしょう。どんな人かわかりますから。ですから、Miss Jane, may I introduce Mr. Peter, a member of my firm?（ジェーンさん、こちらはうちの社のピーターさんです）とか、Miss Jane, this is Mr. Peter……のように申します（He is でなく This is……というところがおもしろいでしょう）。それから Mr. Peter, this is Miss Jane, my music teacher.（ピーターさん、こちらは私の音楽の先生のジェーンさんです）のように申します。つまりジェーン先生は女性ですから、敬意を表わしたわけです。

場合により自己紹介をするときには、同じように、May I introduce myself?（自己紹介をさせていただきます）などと言ってから、My name is James……と続けます。

ついでですが、人を訪問する前には、電話でつごうを聞くのがエチケットです。

先日のお礼は言わないこと

プレゼントをもらうと、お礼といっしょに客の目の前で開いて喜ぶ、というのは率直で気持のいいものです。しかし、つぎに会った時にまで「先日はけっこうなものをありがとうございました」とは言いません。先日は、といえば「先日は、おじゃまをして失礼いたしました」の直訳、I'm sorry to have disturbed you the other day. などもヘンです。何にも言わないでよいでしょう。

食事のエチケット

エチケット・ノイローゼがひどくなると、せっかくの食事が楽しみどころか苦しみになってしまいます。ときどき、エチケットが洋服をきているような人を見かけます。

まあ、あんまり大きな音をたててスープをすすったり、ナイフで肉片をつきさして口へはこんだり、果物を食べてから指を洗うフィンガーボールの水を飲んだりしなければいいでしょう。遠くにある塩などはわざわざ立ちあがって手をのばしたりしないで、Pass me the salt, please.（塩をまわしてください）といえば、ちゃんと塩はやってきます。

ゆるしを願うには

Excuse me, but……（あの、失礼ですが……）などといって一応礼儀をつくしてからなら、人の談話中に立ったり、相手の名前をきいたり、人の前に手をさしのべたり、道を尋ねたりしても、相手は好意をもって応じてくれるでしょう。Excuse me, but you're Miss Jane, aren't you?（失礼ですが、ジェーンさんでいらっしゃいましたね）とか、Excuse me, but where am I?（あの、失礼ですが、ここはどこですか）のように。

そして、教えてもらってからは、Thank you. を忘れないこと。聞いてしまえばそれまでよ、ではいけません。

また、過失などをあやまるには、おなじみのI'm sorry.（すみませんでした）などを用いるほかに、弁解がましくないように、理由を述べるといいでしょう。I'm sorry.

とExcuse me. は混同しないでください。Excuse me. は現在の、I'm sorry. は過去のあやまりを言うのです。

I'm sorry for being late. There was a car accident on the way.（おくれてごめんなさい。とちゅうでクルマの事故がありましたの）といったぐあいです。

トイレに関するエチケット

トイレに行きたいときは、I want to wash up. といいます。I want to wash my hands. ともいいます。日本語の「手を洗いたい」と同じです。もっとも、辞書によく出ているこの後の表現はあまり用いられないようです。台所へ案内されちまったよ、という人もありました。またアメリカの家庭の便所はbathroomにありますから、Where is the bathroom?（ふろ場はどこ?）とか、I want to go to the bathroom.（ふろ場へ行きたい）と言えば、けっきょく「便所はどこか」ときくことになります。もっと遠まわしに、Tell me the geography of your house.（お宅の地理をおしえてください）ともいいます。もっとも、これまた、書斎だの、応接間だのを見せられ、かんじんの場所は素通りされる危険もあります。

W・C・という語はだんだんへっています。紙へ書いて聞いたら、Winston Churchill? とききかえされた人もいたそうです。lavatory か toilet でしょう。おトイレというのは日本だけです。「おしっこがしたい」という、遠まわしの表現は Nature calls me. といいます。「自然はわれを呼ぶ」といっても、夏山のポスターではなく、生理的必然の意味の自然です。

He is often called by nature. は「彼は小便が近い」という意味で、スキーによく

おしっこに行きたいときは、「自然が私を呼ぶ」という。夏山のポスターではない。

出かけることではありません。

「小便」は urine ですが、くだけば water です。ですから「小便する」は urinate で、くだいて make 〔pass〕 water です。ほかに piss とも申します。カルピスを calpiss とつづると、「カルシュウム小便」ということになり、初恋の味とはだいぶちがってしまいます。

化繊《かせん》ユリロンが尿素《にょうそ》からとったものだからというので、小便を連想する非科学的な人は、肥料会社の前ははなをつまんで通らなければならなくなります。

「小便無用」を Commit no nuisance.（迷惑をかけるな）では、上品すぎて撃退できないと思うかもしれませんが、外国ではあまり立小便をしませんから、まあその心配はないでしょう。

「小便所」は urinal といいます。

「大便する」は英俗では shit です。えんきょくに、go to stool というのは、「便器（の構造）」stool から来ているのでしょう。stool というのは背のない腰かけのことです。大便は feces ともいいます。relieve oneself（ほっとなる、掃除をする）と遠まわしにも言います。

「便意をもよおす」は、going to have a motion of one's bowels です。「内臓活動をさせようとする」とは、遠まわしな言い方ですね。

恋愛・デートに関すること

「（姓でなく）名で呼ぶようになる」といえば、恋仲になるということです。Jane Williams 嬢と Peter Johonson 君に登場願いましょう。ピーターが、

“May I have a date with you tomorrow night, Miss Williams?”（あしたの晩デートしませんか、ミス・ウィリアムズ）

と言うと、ジェーンは、

“Well I guess so, Mr. Johnson.”（そうねえ、ええ、いいですわ、ジョンソンさん）

と、たいへん気をもたせた返事をします。

そして、その晩、いっしょに食事をしたり、映画を見たりした後、ダンスということになりましょう。踊りながら、

“May I call you Jane?”（君をジェーンと呼んでもいいですか）

というと、

"Yes."

と蚊《か》の鳴くような声で答えたり、うなずいたりします。後は……というわけです。

あるいは、

"I love you, Jane. Please marry me."

などとも言います。

be sweet on……と言えば、「……が好きだ」ということです。

I'm sweet on you.(私はあなたが好きなんだ)というのは、I love you. よりしゃれていませんか。

これがI'm crazy about you. だと、おれはおまえが好きで好きでたまらないんだと、もっとはげしくなります。

ちかごろは日本でもdateという習慣ができて、「きょうは、おデート?」などと言っているのをきくようになりましたが、終戦後は、まだどういうことかよくのみこめず「あいびき」などという日本的情緒ゆたかな訳語が辞書にのったりしました。しかし、そうっと親の目をかすめて橋のたもとで会って「月が美しいですね」、「そうですわ」と言い、帰ってきて溜息《ためいき》をついているのとはちがいます。

デートは日付けという意味です。そこから「会う約束」というふうになりました。デートの相手にほしいときは正面玄関から堂々と申込みに行きます。はじめ group dating（集団デート）から、やがて二組ずつ、四人の double dating になり、さらに、二人だけの single dating に進んでいくわけです。ただ一人のきまったデートの相手を steady といいます。go steady といえば同じ一人とデートすることをいうわけです。Jane is my steady now, and I'm going steady with her.（ジェーンは今ぼくのきめたデートの相手だ、だからいつも彼女とだけデートしている）のように言います。ステディさんと、将来結婚する場合もあれば結婚しない場合もあります。

気をつけたい別れぎわ

French leave（フランス式いとまごい）ということばがあります。どんなにスマートないとまごいの仕方かと思ったら、あいさつしないで、会合の席から、いつのまにかこそこそと姿を消してしまうことです。（もっとも、フランスでは、「イギリス式いとまごい」と言っています。）

別れるときには気をつけたいですね。もう用はすんだのだ、かまうものか、では、後のためにならないでしょう。

Good-bye. またはその調子で Good afternoon.↗などとやるほかに So long. See you later. などということもご存知のはず。初対面の人と別れる時には Glad to have met you. あるいは It was nice to meet you.（お知合いになれてようございました）などと言って別れます。Thank you. I really had a good time.（ほんとに楽しかったです）とか、I have enjoyed the conversation very much.（お話とてもたのしかったですね）などな ら前からの友人に対してでもよいのです。送られたときに、"Parting is a sweet sorrow."（お別れはあまくせつないものですね）とささやかれた『ロメオとジュリエット』の言葉にグッと感動して、結婚生活にはいった幸福な人もいます。

(5) すぐ話せる便利な表現

同情・はげまし

つぎに、すぐおぼえられ、すぐ使える便利な会話の表現をお教えしましょう。

▲どうしたの？ What's on your mind? おまえの心に何があるか、とは、何をくよ

くよ考えこんでいるのか、という気持。何か落としたの？　それともおなかでも痛いの？　というようなときに使います。What is the matter with you? とだいたい同じ意味。

▲それはおきのどくですね。That's too bad.（英、What a pity!）

▲くよくよするな。Take it easy. のんきに考えろ、というアメリカ人らしい楽天的な気持を表わした言い方。Take things easy. ともいいます。なお、go easy は「のんきにやる」、easy-going は、happy-go-lucky と同様「のんきな」です。Cheer up!（元気を出せ）や、Never say die!（しっかりしろ！）などもあります。

▲いい子だね。You're a good boy. これは、Bring the chair, you're a good boy.（いい子だからその椅子をもっといで）というふうに使います。ふつう子供のきげんをとる時にいう言い方、女の子だったら You're a good girl. です。その他、a dear だの an angel だのを使って、きげんをとることもあります。

おとなに対しても「お願いだから」と、きげんをとる時に使います。

Go for me, there's a good fellow.（お願いだ、かわりに行ってくれ）

お祝い・乾杯

▲お誕生日おめでとう。Happy birthday to you! ほかに、書状に Many happy returns of the day!（ご幸福でこの誕生日を何度も迎えられんことを祈ります）

このように、happy をつければ、たいていすみます。

結婚式などで I wish you good luck.（ご幸福を祈ります）とか、一般に、Good luck to you. などと申します。

また、Congratulations!（おめでとう）なら、どこへでも使えるでしょう。

▲乾杯！　成功を祈って、なら To your success! 健康を祈って、なら To your health! のように、To ——! といえば何にでもつけられるでしょう。

Tonic for today! ともよく言います。また、Here's to you! のように、前に Here's をつけてもよい。Here's mud in your eye! という言い方もあります。おまえの目に泥がはいっているからとってやるというのではありません。二人だったら、Mud in your eye! と受けます。

▲ご同様さま。The same to you!　Merry Christmas! などと言われたのに対して言います。もうすこしくだいて、Same here. もあります。

呼びかけ・たしなめ

▲おい。Hallo, Hey などいろいろあります。Say!（英、I say!）などともいえるし、See here! Look here! などと注意をひくこともできます。

▲おい、おい。たしなめるのに Come! を用います。Come, come. と重ねてもいいます。Come, come! Don't be so cross.（おい、おい、そうヘソを曲げるなよ）my dear fellow なども、強いたしなめで、Why are you always coming late, my dear fellow!（おい、おまえどうしていつも遅刻ばかりしてるんだ）などと用います。「親密な」などとあるので、ほめられているのだろうな、と思ったら大違いです。How is it that you are so lazy, sir? などと父が息子に言ったばあいの sir も同じことです。親父《おやじ》、ぼくを大人扱いしているな、などとあごをなでてはいけません。ちょうど日本語の「貴様」が貴《とうと》い様《さま》とあってその反対のように、「貴様、どうしてそげえ、横のものを縦にもしねえだか」というのです。

案内・誘いかけ

▲おいで。Come along! よく Come here! という人がありますが、これはおもに、動物、とくに、犬に対して言うことばです。

▲どうぞこちらへ。と案内して行くには Follow me, please. Step this way. などと言います。

▲どうかお先に。After you. エレベーターなどでいっしょになった時など、こういって、とくに女性に道をゆずります。

▲…しませんか。What do you say to～ing? What〔How〕about～ing? などを用いて言います。たとえば What do you say to cutting the lesson of math?（数学サボらないか）などと使います。もちろん、Let's～,〔shall we〕? でもすみます。Let's go dry, shall we?（酒ぬきでやろうね）というふうに。

お礼と返礼

▲ご親切さま。いろいろありますが、その一つ、(It's) Good〔kind〕of you to say so.（お言葉いたみいります）のように使います。「してくれてありがたい」なら Good

余韻をのこす表現。「ぜひとおっしゃるなら」とはおごってもらうときにつかう。

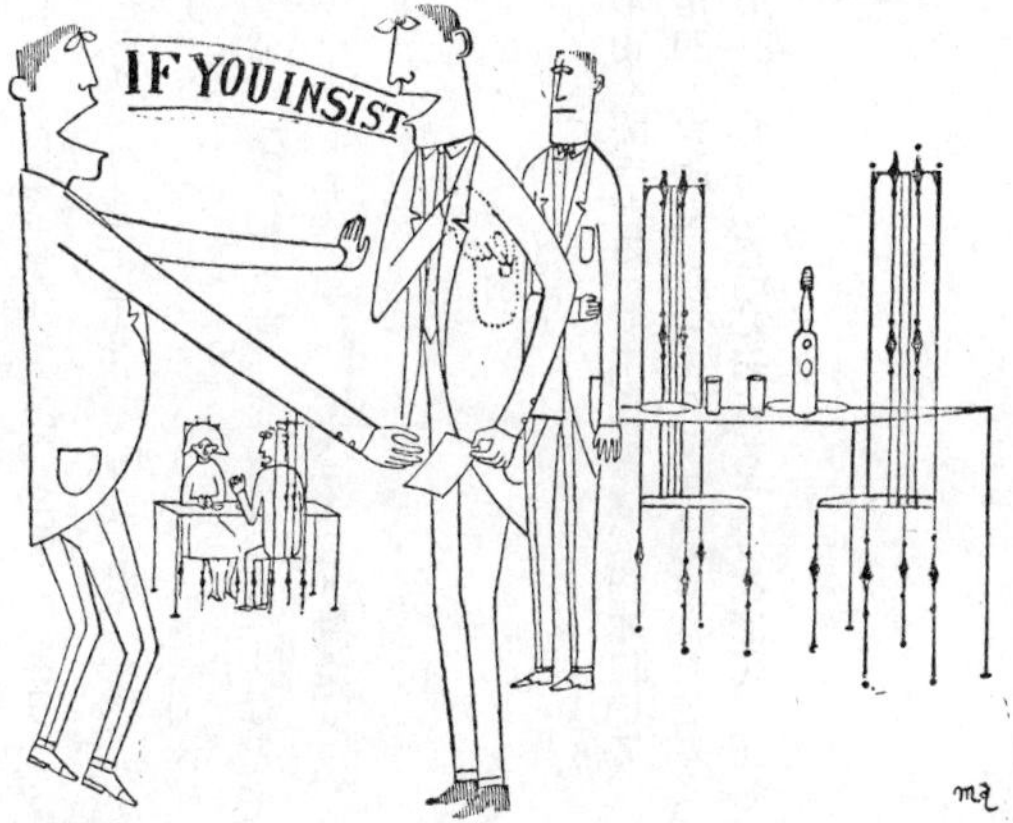

of you to do so. などとなります。

▲少ないが。（チップをやる時）Here's something for you. ぐらいでよいのです。I give you ……などと「私」を出さないほうがよい。

▲おつりはあげるよ。You can keep the change.（change はおつり）

▲どういたしまして。You're quite welcome.（英、Don't mention it.）

その他の便利な表現

▲ぜひにとおっしゃるなら。If you insist.（もしあなたが主張するなら）If you insist, you may pay the bill.（どうしても勘定はもつ、とおっしゃるなら、どうぞ）というふうに使います。

▲割勘にする。go Dutch――友人とバーなどで、Let's go Dutch.（割勘ということにしよう）といいます。これはオランダ勘定ということです。オランダ人はケチだったのでしょうか。

ルール19　聞きとることの練習は、日本にいて、一人ででもできる。
ルール20　大胆に、はっきりと、口ばかりでなく、目で、手で、全身で話すこと。
ルール21　便利な表現をできるだけおぼえ、正しい発音で言えるようにしておくこと。

8 英語を読む秘訣

(1) 英語の流れ方をつかむこと

中野《なかの》好夫《よしお》氏の勉強のしかた

有名な英文学者で評論家の中野好夫氏の高校（旧制）時代の話を紹介しましょう。

何でも氏が入学した時、「できない」先生がいたのだそうです。そこで、もともとポレミック（論争ずき）な中野氏は、たいへんなことを考え出しました。「よし、この教師をいじめてやれ」

ところが、いくらできないといっても、相手はとにかく、お飾りの下をよけいくぐった英語の先生です。そう簡単に、まいらせることができるものでもないでしょう。そこで氏は、たんねんに辞書をひき、発音、文法、語法、あらゆる角度から、テキストをこまかく読み、内容を研究して教場に出たそうです。そうして、じっと教師の講義をきいていて、賛成できない点があると、質問！　と、つっこんだのだそうです。おそらく、この先生は短命に終わったのではないかと想像されます。

さて、こんなふうな方法で二年間勉強した中野氏は、三年たった日、英語ができるようになっている自分自身を発見し、ここに英文学科へ進む決心がついたのだそうです。氏に現在の道をえらばせたのは、そのできない先生であった、と言えないこともありません。

さて、その動機はあまり感心できません。けれども、中野氏のとった方法は、一つのすぐれた読書の方法であります。あらゆる角度から、精密に、徹底的に、研究する、この精読は、今日でも、やはり、りっぱな方法です。

しかし、同時に、もう一つの方法を、中野氏は下宿で、自分ひとりで、あわせ行なっていたそうです。それは、上の方法とはまったく対照的な方法であります。つまり、すこしやさしいテキストを、できるだけ辞書をひかずに読む。少しぐらいわからない単語があっても、それを知らないと全体の理解の上でどうしても困るという場合をのぞいて、できるだけ辞書をひかない。そして頭から、センス・グループ、センス・グループと、読みくだして行く。こういう方法です。最初、この方法で終わりまで来ても、さて、どういうことが書いてあったのか、はっきりしなかったそうですが、それでもかまわず、続けていったところ、だんだん早く、だんだんはっきり内容がつかめるようになったということです。

日本文の流れと英文の流れ

ここでは、主として、この後の方法、つまり、速読、多読の効果を考えてみたいと思います。

私たちが、日本文を読むときには、日本文の流れにしたがって読んでいけば、その意味はつかめます。ところが、英文を読むのにも、日本文を読むときと同じ心構えでやっては、その意味はつかみにくいでしょう。

なぜかというと、英文の流れ方は、日本文の流れ方と違っているからです。それを、日本文の流れ方に、英文の流れ方を合わせようとすれば、左から右へ流れる英文を、とんぼ返りしなければならなくなります。そこで、英文の流れにさからわずに、まとまった意味の一くぎり、一くぎりというふうに読みくだる、直読直解のくせをつけたいものです。

「彼は私の頭をなぐった」と、He struck me on the head.

とをくらべてみましょう。

日本語では、最後になるまでどうなるのかわかりません。彼は私の頭を「さすった」のかもしれないし、「刈った」のかもしれません。あるいは「なぐらなかった」と形勢が一変するかもしれません。とにかく、最後まで聞かなければ、わからないので、この点、日本語は実務的というよりも、情緒的な言語といえるかもしれません。

ところが英文では、「彼は私をなぐった」と、まず、だいたい方向をはっきりきめておいて、つぎにどこを、かというと「頭を」というふうに、こまかく示していきます。まず、はっきり述語を出してしまう点は、ことがらの説明には便利で実務的でしょう。そのかわり余韻がないといえるかもしれません。

このように、

日本語＝主語……述語

英語＝主語・述語……

というふうに、英語ははやく主語がどうしたか述べてしまうのに、日本語は最後まで述べない、という思想の構え方、感情の流れ方の違いが根本的にあるのです。

そこで英語を直訳的に訳すだけならとにかく、英語で物事を表現できるようになるためには、英語のもつ思想の構え方に慣れる必要があります。英文を読む場合にも、意味の群（センス・グループ）にまとめて読んでいきたいものです。

センス・グループとして読む

一つ一つの語でなく、いくつかの語が集まって作り上げている群（センス・グループ）にまとめて読んでいくというのは、次のようなことです。

まさか How do you do? を How-do-you-do? 「なんじは――いかに――なしーなすか」と一語一語ばらばらにして考える人はないでしょう。これだけをひと続きにして「やあ」とか、「こんにちは」とかいうあいさつの文句として理解するでしょう。at last を at と last に分解して「最後に・おいて」などと考えず、これだけで「とうとう」と思うでしょう。

Good morning. も、はじめは「よい・朝」と感心したのが、やがて、天候に関係なく、朝のあいさつになったので、これを二つに分解する人はいないでしょう。パンチがうまくはいったり、スリーラン・ホーマーをかっとばしたりした時に、人びとが感心して口に出す、That's the boy! は、That is a boy.（あれはその少年である）というのでなく、「えらいぞ！」という一つの間投詞です。だから、つまって Attaboy! という一語になったのだし、類推で Attagirl! も生まれるというわけなのです。それを、一語一語分解してしまうだけでは、わからないでしょう。

こういう固定したきまり文句だけでなく、I don't know what he is. の I don't know をひと続きにして「私は知らない」、what he is をひと続きにして「彼が何者かを」とセンス・グループにまとめて、頭から「知らない――だれなのか」というふうにつかんで行くことがだいじなのです。

たとえば、

I'm shivering. It's cold as in an ice plant, at night in this store. を、

「あたしふるえているの。寒いのよ――製氷所みたいに――夜になると――この店は」

ぐらいに意味の単位をまとめてつかんでいきたいものです。

また、I can't tell you what it means to me, having you fellows here today. を、

「わかりませんね――どういうことになるのか――みなさんと今日ここで同席することが」

というふうに理解していきたいものです。

もう一つ例をあげましょう。

Shiela: Do sit down, John.
John: I can't stay. I just dropped in on my way to the airport to give you a word of warning.

シーラ「おかけなさいよ、ジョン」
ジョン「そうしていられないんだ。これから空港へ行くんだが、途中でちょっと警告しに寄ったまでなんだ」

というように、なるべく頭から、英文の流れにさからわないようにして、意味をとって行きたいものです。

つぎは、急死したヘミングウェイの『老人と海』の一節です。

He began to row out of the harbor in the dark. There were other boats from the other beaches going out to sea and the old man heard the dip and push of their oars even though he could not see them now the moon was below the hills.

むずかしい単語は一つもありません。そしてまた、どの単語も、特別の、ひねった意味ももっていません。コンマ一つないのは、行動のきれ目などをきわ立たせたくないためもあれば、静かな夜、船を出して、漕いで行く様子をあらわすためでもあるでしょう。

たとえば、こんなふうに意味の群を区切って読んで行けるでしょう。

He began to row / out of the harbor / in the dark. There were other boats / from the other beaches / going out to sea / and the old man heard / the dip and push of their oars / even though he could not see them / now the moon was below the hills.

老人は漕ぎはじめた——港から——暗闇の中を。ほかの舟もあった——ほかの浜から——海へ出かけるのだ——そして老人に聞こえた——それらの舟のオールの水にひたし掻く音が——自分には見えなかったけれど——月が山かげに沈んでしまったから。

線香読みということ

つまり、このやりかたは、頭から読みくだしていく直読直解ということになりましょう。よく線香読み、ということを申しますね。線香をあてて読んでゆくと、読めた分は、線香のためにこげてしまってもうなくなっている。だから、決して後もどりできない。だから、どうしても直読直解ということになる。しかも、ぐずぐずしていると、こげてくる。どうしても速く読んで意味をキャッチしなければいけなくなる。つ

頭から読みくだしていく線香読みは速読速解に役立つ。

まり、速読速解が必要になる、というわけです。一つ二つ未知の単語があっても、前後の関係や、状況などから、見当がつくものです。気にしないで、どんどん読んでゆきましょう。近ごろよく、これまで教室では読むことに力を入れすぎたから、これからは書くことや話すことにも力を入れるべきだ、という意見を耳にします。書くことや話すことにも力を入れるというのはもっともですが、一年に教室でせいぜい一冊のテキストを読む程度では、読む方に力を入れすぎていたとは言えますまい。

ある人が、こんなことを言っていました。「シェイクスピアの芝居は数時間で上演してしまう。それなのに、この国では教室で一年たってもまだ終わらない」。学問としてとりあげて、詳しく研究するのは、観劇とはちがいますから、比較になりませんし、うんと長くてもかまわないわけです。けれども学問でも何でもないのに、文法ばかり気にするためか、じつに時間がかかるのは残念なことです。しかも、かけた時間に比例して理解できているか、というと、どうもそうではないようです。この人工衛星が宇宙を飛び回るという時代に、句読点《くとうてん》、送りがな、返り点式な、一語一語を日本語に訳して考える遅読遅解ではこまります。

一般に、新聞の社説や論文のようなものは、論理的ですから、思想の構え方に慣れるとわりあいに読みやすく、反対に、小説のようなものは、やさしいようでいて、むずかしいと思います。

その上、社説や自分の関係の論文などは、内容についてのかなりの知識をあらかじめ持っていますから、一定の表現や、符牒のような術語さえ知っていれば、あとは慣れ、ということになりませんか。

起承転結ということ

また、漢詩で起承転結といいますね。「鞭声《べんせい》粛々《しゅくしゅく》夜河《よるかわ》をわたる」とまず「起」こして、「暁《あかつき》に見る千兵の大牙《たいが》を擁《よう》するを」とこれを「承《う》」け、さて、それから、「遺恨なり十年一剣を磨く」と「転」じて、最後に、「流星光底《こうてい》長蛇を逸《いっ》す」と「結」ぶという形式。考えてみますと、話や議論などというものは、この四段階の形式が多いようです。

「アダムとイーヴは、神さまに、この林檎《りんご》を食べてはいけない、食べると死ぬぞと言われた」（起）、「二人は忠実に命令を守った」（承）、「蛇が現われて、あれはうまいぞ、食べても死なないよ、とそそのかし、二人は食べた」（転）、「神にわかり、罰を受けた」（結）というぐあいです。

こういうことを頭において読むといいでしょう。第一段は、とくによく読むといいでしょう。どういうことが書いてあるのか、という、内容に関するだいたいの見当がここでつきます。第二段、第三段も初めの部分をそれぞれ、とくによく読んでみましよう。初めの部分というのは、ここに筋や論理の展開が見られるからですし、後の方には用例や具体的な敷衍《ふえん》などが多いようですから、早く意味をとるためには、そこらは適当に読めばよいでしょう。また、最後の第四段は結論ですから、ここは、念を入れてよく読みましょう。そうして、読み終わってから、筋なり、論理構造なりを、要約してみるとよいでしょう。

セックスの本を読む功罪

あまりむずかしくないもの、現代の生きた英語で書かれているものを、自分の好みで選んで、そのような方法で、直読直解、速読速解をしてみてください。

ある人は、教室でセックスの本や、セクシーな本を材料にしたら、みな勉強してくるだろうと言っていました。たしかに、人びとがもっとも多く興味をもっているものでしょうから、ass だの fuck だの suck, come という辞書にない言葉や特殊な意味でも、みなおぼえてしまうでしょう。しかし、医学書の場合は別として、セクシーなものは教室ではちょっと使いにくいでしょうし、そういう所ばかりおぼえても、切符は買えません。

(2) 原書を読むと、どんな利益があるか

こういうふうな方法でたくさん本を読むくせをつけると、いろいろな利益があります。

多読から得られること

まず、第一に、たくさん読むのですから、いろいろな知識が得られ、人間的な成長をします。「一つの言葉を知ることは一つのたましいにふれることだ。一つのたましいにふれることは、一つの恋を得ることだ」と、ドーデーは言っているそうです。恋を得るかどうか知りませんが、たましいにふれることにはなると思います。

第二に、話を英語の勉強にかぎってみても、たくさん読んでいくうちに、語感というものが養われてきます。これは辞書や、文法の本を読むだけではなかなか得られないものです。

たとえば「The fact is that……という表現があります。文法的には「事実は……ということである」ということだが、どうも少し感じがちがうぞ、もう少し軽く、「じ

つは…」程度の副詞に近い感じではないだろうか。だから The fact is that he is an American-born Japanese. は、「じつは、彼は二世なのだ」ぐらいではないか。このように感じはじめると、なるほど、だから、The fact is, だとか The fact of the matter is,…などと that がはぶかれ、コンマをつけたはっきりした副詞句などが生まれてくるわけだ、とか、なお進んで Fact is,…のように the まではぶかれた場合もあるのだな、とか、The queer thing is that she speaks with a slight northern accent.（妙なことに彼女は少し北国なまりの話し方をする）なども同類項だな、とか、いうふうに語感がいよいよ働いてくるのです。

Fancy her doing a thing like that! とか、Fancy her marrying a man old enough to be her father! とか、Fancy her calling on a man alone at night! とかいうふうに、たびたび Fancy…! にあえば、「想像せよ」などと訳して満足せず、「意外」や「驚き」を示す語感をつかまえるでしょう。そうして、「彼女がそんなことをするなんてあきれた！」、「彼女が父親にしてもいいくらいの男といっしょになったなんて、最低よ！」、「夜、一人で男性を訪ねるなんて驚きだわ！」などというふうに感じられるようになるでしょう。

つぎは、モームの短編『真珠の首飾り』の書き出しです。食事の席で、たまたまいっしょになった作家と女友だちの対話です。

"What a bit of luck that I'm placed next to you," said Laura, as we sat down to dinner.

"For me," I replied politely.

"That remains to be seen. I particularly wanted to have the chance of talking to you. I've got a story to tell you."

At this my heart sank a little.

なかなか、しゃれた対話だな、と感じられるなら、たいしたものです。「何て運がいいんでしょう。先生のとなりにすわれたなんて」とローラって女が言っているな、まんざらお世辞でもないらしい。しかし、女性にそんなことを言われると、後がこわいぞ、相手の作家はなんと答えるかな、"For me"か、なるほど、「私にとってこそ運がいい」、つまり「私こそ」と軽く受けたな、口すくなに。なるほど味な答えだ、何を言い出されるか、の警戒心も働いているな。politely いんぎんにか、そうだろう、うちとけて、答えなどしたらあぶないし。それに何といっても、相手は女性だから、内心運が悪いと思っているのでもあるまい。女はどう言うかな、「それは後になるとわかります」とはうまいものだ。「私、とくに、先生にお話する機会をもちたかったんですの」か。偶然テーブルが同じになるようにして、じつは計画的だったのかな。ほら、おいでなすった。「お話することがあるんです」——といっても恋を打ち明けるのではないな、お話って、作品のストーリーだろう。つまりネタを提供したがっているのだな、しかしシロウト衆がいいネタだと思っているものが、作家の目からはつまらないものが多いはずだ、この作家は喜んでとびつくかな。「これをきくと私の心は少し沈んだ」、ほうら、そのとおりだ。女性を相手に、女性が勝手なことをしゃべっているのを見る方が、生態観察の材料になることをこの女性は知らないのだ……。

こんなふうに想像力を働かせながら、あなたも場合によっては、作者といっしょに観察したり考えたりすると、本を読むのが楽しくなります。

生きた英語を生かして使うこと

ペンや口を通して英語を表現するためにも、この語感はじつに大切です。たくさん読んでいるうちに自然におぼえ、だんだん蓄積された表現を、どしどし使ってみてください。使うことで知識がほんとうに血となり肉となるのです。上のWhat a bit of luck that…（…とは、何て運がいいのでしょう）をおぼえたら、What a bit of luck that I met you.（いいところでお目にかかりました）とか、What a luck that I'm invited to her party.（彼女のパーティによばれるとはアリガタヤ）などとやるのです。一つの文型が、パン種のように、たくさんにふくれあがります。なお、その文型は、やさしくてよく使われ、しかも英語らしく、なるほどと思うものがよいのです。美辞麗句のようなものは、あまり役に立たないでしょう。

このことは別に一章つかって説きたいほど、じつにじつにだいじなことなのです。よくおぼえていて、実行してください。そうすれば、英語の勉強も楽しくなります。そして、ますます勉強にはげむ、という良循環が生まれてきます。

ルール22　直読直訳から速読速解へ。
ルール23　センス・グループずつつかんで進み、けっして後がえりをしないこと。
ルール24　語感、英語的感覚をつかまえること。

9 英語の底を流れるもの

(1) グッバイはサヨナラでない

ヤナギとウナギ

さて、いままで生きた英語を通じて、日本人と英米人との表現のちがいのアウトラインがかなりわかったと思います。一つの単語、一つの表現にも、それを生み出した歴史があり、社会があるのです。

ある外国人は、ヤナギとウナギの区別がどうしてもつかず、「ヤナギをください」などと言っては、笑われていました。私たち日本人には、そんな区別ができないということが、そもそも、とほうもないこと、想像もつかないことに思われます。しかし、彼らにはウナギもヤナギも単なる音でしかないのです。

ヤナギといわれれば、銀座のヤナギとか、三十三間堂《さんじゆうさんげんどう》だとか、小野道風《おののとうふう》としだれ柳にとびつこうとする蛙《かえる》だとか、いろいろな連想があります。ウナギなら、土用のうしの日とか、毎日ウナギをたべる老人だとかを、カバヤキのにおいとともに連想します。しかし外国人でしたら willow（ヤナギ）から、ハムレットの愛人で、狂って池に身を投げたオフィーリアの、悲しい weeping willow の歌を思い浮かべるかもしれません。またeel（ウナギ）にいたっては、オバケの代表です。われわれには mistletoe と言ったって、簡単な辞書で、「やどりぎ」という訳語を見つけて単語帳に書きこむだけです。あのクリスマスのやどり木飾りの下では少女にキスしてよいという習慣を知らなければ、誤ってサナダムシでも連想しかねません。rice（米）といえば、われわれには切実な問題ですが、新郎新婦のハネムーンの門出を祝って米を投げつける彼らには、もっとロマンティックな感じがするでしょう。蹄鉄（horseshoe）など、われわれには、別に興味もわかないのに、むかし魔女よけに家の柱へ蹄鉄を打ちつけ（ネルソン提督でさえ旗艦ヴィクトリー号のマストに打ちつけました）、それを拾うと幸運だとする彼らには、別の感じがあるでしょう。

もっとも、日本では、クリスマスなどは、キャバレーで馬鹿さわぎするものとして輸入されたようです。ある若者が申しました。「へえ、ヨーロッパにもクリスマスってあるのかい」

こういうわけで、英語を学び、英語を使っていくうえには、その底を流れているものを理解することが必要です。それがないと、英語そのものを正しく理解し、そして使いこなすに必要な、英語的な感覚が身につきません。

これから、なるべく具体的に、英語の表現と関連させながら、英語の底を流れているものを考えて行きましょう。

聖書とギリシア神話

英米の文化はギリシア思想とキリスト教思想という二つの大きな要素からなっているといいます。この二つは根本的にちがうものがあります、古代ギリシア人は精神と肉体の能力を調和的に発達させるのを願ったのに対して、ヘブライ人はただ一つの神をあがめ、きびしい道徳的戒律に身をしばったわけです。ギリシア人は人間の可能性を信じていたのに、ヘブライ人は人間の無力を感じて神にたよる所を求めたのです。ギリシアに芸術が栄え、ヘブライには宗教がさかんになったのも当然なことです。前者のギリシア・ローマ神話、後者の聖書が、その特徴を示しています。

聖書と英語

キリスト教の経典である聖書がどのくらい英米人の上に大きな影響をもつかはとて

も簡単に言いきれません。英語に与えた影響をうわっつらだけなでてみましょう。人間の先祖の Adam と Eve のもとの話を知らなくては Adam's apple が、なぜ「のどぼとけ」のことかわからないでしょう。禁断の木《こ》の実をイーヴにすすめられてあわてて食べたので、その実がのどにつまってこんな突起ができたというのです。その結果、二人とも知恵がついたので、Adam knew Eve.（アダム、イーヴを知れり）ということになったのです。これは肉体的に知った、ということです。I know his wife. などと言っては誤解を招くから、I am acquainted with his wife. と言え、という苦労性の人もいます。こんな苦労性の人は、I am coming. だの、電話で Give me your wife. などというのまで心配しそうです。

重なる苦労にもじっと耐えることを、as patient as Job と言いますが、ヨブがいくつものわざわいを神の試練とじっと耐えたことを知らなければはっきりわかりますまい。「うわべだけの親切」「裏切」のことを Judas kiss というのは、イエス・キリストの十三人目の弟子であるイスカリオテのユダがキリストを裏切ったからで、十三という数を忌《い》むのも、はりつけになった金曜日を忌むのも、ここから来ています。日本の病院に四号室がない所が多いように、病室に十三号室がなかったり、住宅の番号標に$12^{2}/_{2}$などとあったり、食事のとき、十三人だともう一人だれかに加わってもらったりするのも、ここに原因があるのです。I won't go, because it is 13th and Friday.（十三日の金曜日だから行かない）などという人がまだあります。

Solomonという名から、富と知恵とをあわせもったイスラエルの王、Even Solomon in all his glory was not arrayed like one of these.（栄華をきわめたるソロモンだに、その装い野の百合《ゆり》にもしかざりき）などを連想してほしいのです。「どこへでも行ってしまえ！」（Go to Jericho!）のJerichoはパレスティナの古都の名ですが、「へんぴな所」の意に使われているのです。

good-bye はサヨナラでない

What do you do on Sunday? と彼らに向かってきいてみると、今でも多くの人が、I go to church. と答えます。私たちだったら、「映画を見に行く」とか、「デートだ」とか、「たまの休みだ、何にもしないで寝ているさ」とか、まちまちです。そして、おそらく、「お寺へ坊さんのお説教をききに行く」という答えは一つもないでしょう。つまり、彼らの生活には宗教（キリスト教）の影響がひじょうに大きく、キリスト教をぬきにして、彼らの生活は考えられないのです。

good-by(e) という別れのあいさつにしても〔May〕God be with thee!（神が御身とともにあらんことを「祈る」）が、つまったものです。相手に神の加護を祈る気持から出ています。「さようなら（ば、おいとまつかまつる）」とはだいぶ違います。それでも、後には by-by などとなり、神は失われました。So long. See you again. などにも神はふくまれていません。

喜怒哀楽《きどあいらく》の感嘆詞にも、O God! のように神がふくまれています。モーゼの十戒（The Ten Commandments）の中には、みだりに神の名を口にすると、神の罰があたるぞ、とあります。つまり、みだりに口にしてはならない God をひき合いに出すことによって、人の注意をひくわけです。O God! My God! Good God! など、ひどく困った時や悲しい時に使います。By God!「神かけて」と誓うなら、誓いの最高なはずでしょう。God bless me!（〔文頭に May を補って考える。祈願文〕これは大変！）、God help him!（おかわいそうに！）、God forbid!（神よ願わくば禁じたまえ→とんでもハップン！）、Thank God!（〔神への感謝あるいは安心の念を表わして〕ありがたや！）など、みな神をひき合いに出しています。

神を代名詞で受けるときは、女性でなく男性単数で大文字 He, His, Him にします。また、女性的な属性よりも、男性的な属性の方がまさって感じられたからでしょうか。I（私）も文中で大文字ですが、これは個人主義だからと説く人がいますが、そうではなく、小文字だと小さすぎて見にくいという、印刷上の理由にすぎませんから、God の場合とは違います。何でも国民性のせいだとする考え方は危険です。

さて、あまりはっきり God といってはおそれ多い気持がはたらいて、神の居ましたもう天国（Heaven）を代用して O Heaven! といったり、その性質 goodness, mercy を用いたりするのです。ですから Oh my goodness! を、「おお、私の善良さ！」だの、「ねえ、私のいい人！」などとするのは誤訳です。「あらっ！」という驚きの Oh my! なども、おそれおおいため God を省略したので、darling を略したのではないでしょう。俗語で golly というのも、せめて God のはじめだけ残させてくださいと、語尾だけ変えたものでしょう。てれて頭をゴリゴリとかいているのではありません。やはりひどく困ったときにつかいます。そういう気持から、God より一だん下の、神の子イエスを用いることもあるのです。

意外を表わす Jesus Christ! を、「イエス・キリストよ」とか、「イエスさま」とか、説教のように考えてはいけないでしょう。Gee!（俗、アジャー！　ギョッ！）も、形こそ変わっていますが、Jesus《ジーザス》のはじめの部分なのです。ですから、もちろん「ジー」と発音するのです。「ドアのしまる音」という注をつけた人があったそうです。きっとギーと読んだのでしょう。

のろい、ののしりの卑語であるhell（元来、地獄という意味）、damn（元来、のろいという意味）、devil（悪魔）も、やはり、こういう点から説明されます。Oh, hell!（畜生）、What the hell are you doing?（いったい、何してやがるんだ）だの、Damn it all!（いまいましい！）のように使います。きいてわかるのはいいが、あまり使わないほうがいいでしょう。

ギリシア神話と英語

聖書がヘブライ思潮の代表なら、ギリシア神話は、ギリシア思潮の代表です。キリスト教の神は一つですが、ギリシアの神々はたくさんです。この神々が住んでいたのがOlympus山です。Zeus（Jupiter, Jove）が神々の中心で、その宮殿に十二柱の神々が集まって、nectar（酒）とambrosia（食事）をとったので、ごちそうのことをこういいます。By Jove!（誓って）というのは、このゼウスをひき合いに出したものです。同じ神なのに、たとえばAphroditeとVenusと二つ名があるのは、前者がギリシア名、後者がローマ名だからです。この女神が「愛と美」の神であることはことわるまでもないでしょう。貝がらにのって生まれてくるBotticelliの絵「ヴィーナスの誕生」をご存知でしょう。媚薬《びやく》のことをaphrodisiacというわけも、これでわかります。もっとも、ハンサムなApollo（ギリシア名Helios）は日の神で、これはまた音楽、光、健康、医者、詩、予言など、じつにレパトリーが広いのです。Heliosは実は別の神でローマ名Solだと申しますが、とにかく「日」という所から、heliotrope（花、香水）、parasol（日をさえぎるという意味）などという話の生まれたのも、なるほどとうなずけるでしょう。

「タバコ・女・酒」のT・V・BはTobacco Venus Bacchusの略です。Bacchus（ギリシア名Dionysus）は酒の神です。a son of Bacchusといったら、「酒飲み」のことです。バッカスとHerculesとは十二柱の中にはいりません。ハーキュリーズは大力無双の英雄で、十二の困難な仕事をやってのけたので、Herculean laborといえば「大変困難なこと」ですし、Herculean choiceといえば、「安逸をしりぞけて進んで労苦を選ぶこと」です。Cupid（ギリシア名 Eros）がはだかで翼が生えた美少年で弓矢をもっている（人形のキューピーはここから）のは、ご存知でしょう。その矢を気まぐれに放つのでこまります。なにしろ当たったものはだれでも恋に落ちるのですから。たびたび当たる人もいるようです。二重弓形のくちびるを Cupid's bow（キューピッドの弓）というのは、形が似ているからでしょう。

ギリシア名 Eros から erotic や eroticism や erotomania（色情狂）などという語が生まれました。精神分析学の方で Eros instinct などという語があります。Mercury（ギリシア名 Hermes）は足が早いので神々の使者であり、道路・商業・発明・盗賊の神で翼のあるかぶとをかぶり、翼のあるくつをはき、手に二頭のへびがまきついたつえをもっていました。これを記章にしている大学もあります。merchant（商人）はこれから来ているのです。mercury には水銀の意味もあります。ジュピターは、しっと深い妻 Juno に、愛している女の Io を見つけられました。しまった、と思ったジュピターはアイオを牛に変えました。ジューノーはその牛をむりにもらってつれ帰り、百目の巨人 Argus に番をさせていたところ、ジュピターは音楽の名人をやってアーガスを眠らせ、取り返しました。怒ったジューノーはアーガスから、百の目を取って、くじゃくにつけてやりました。そのため、くじゃくに、あの目の形の模様ができたといいます。農業と植物の神 Saturn から Saturday が生まれました。

(2) 英語の中を貫くエスプリ

騎士道精神

中世封建の時代には騎士《ナイト》(名門の子弟で手がらを立てたものがナイトに取り立てられました)は、つねに神をうやまい、人を愛し、強きをくじき弱きを助けるほかに、婦人には礼節をつくすことをとくにモットーとしていました。この点を日本の武士道と比べるとおもしろいですね。ですから少年が動物を助けたり女の子を救ってやったりすると、He is a knight of a boy. といいます。gállant (勇ましい) というのは、ナイトの武勇の点に関するものですが、gallánt というと「婦人に親切な」という意味です。これが、だんだんと、「色事師の」という感じももつようになりました。近ごろは日本にも gallant knight がふえたようです。

ブルジョアとプロレタリアート

bourgeois の bourg はエディンバラ（Edinburgh）や、ハンブルグ（Hamburg）、少しかわってカンタベリ（Canterbury）などという地名にあるように、「城で固めた場所」「町」「自治市」という意味でした。したがって、ブルジョアは、かんたんに言えば「町人」だったわけです。彼らが権威に対してレジスタンスをやったことはご承知のとおり。それが、強大な経済力を持つようになってから、逆にプロレタリアート（proletariate）から有産階級として目のかたきにされているわけです。プロレタリアートは、ローマでは、子供をたくさんもっている以外になんら財産をもたず、したがって、子供をもって国家につかえる最下層の市民の意味でした。

清教徒精神と開拓者精神

一六二〇年 Mayflower 号に乗って、大西洋をおし渡り、新大陸に渡った百二人の人たちは、Pilgrim Fathers でした。このアメリカ人の先祖たちは信教の自由を求めて、この地に来た清教徒たちだったのです。バイブルを文字どおりに解釈することを信じ、質実剛健な生活を信条としていました。それでなくて、どうしてきびしい冬に耐え、十八人の妻のうち十四人までが死ぬといった、つらい目にあいながら、生き抜くことができたでしょう。こういう清教徒精神がアメリカ人に流れていることを忘れてはいけませんね。そして、これは十七世紀に、チャールズ一世の政治的な腐敗からイギリスを立ち直らせた、クロムウェルの過激なまでにきびしく純粋な清教徒精神でもあったのです。もうひとつ、自然と戦い、インディアンと戦いながら、Westward Ho!（西部へ西部へ）と開拓していった frontier-spirit（開拓者精神）とが、繁栄をもたらしたアメリカ人の二つの大きな特質といわれています。そうして本国のイギリス人と違ったものになっているのです。今「新しい開拓者精神《ニュー・フロンティア・スピリット》」という主張をケネディ大統領が打ち出しています。これはただ物質的な面だけでなく、精神的な面での努力をも呼びかけているのでしょう。

イギリス紳士気質

ネヴィンソンというイギリスのすぐれたジャーナリストは、『イギリス人』という本の中でイギリス紳士の特徴を三つあげています。一つは自制力のあること、二はわいろをもらうのを拒絶すること、三はフェア・プレイの観念であると言っています。

自制力が強いから、事に当たって冷静でカーッと頭に血がのぼってしまうということもないのです。ですから、彼らには対校マッチなどでビールびんを投げあうというようなことは、理解できないでしょう。彼らはゲームをエンジョイするだけです。このenjoyという言葉は、いかにも彼らしい言葉だと思います。これを、われわれは「享楽する」などと訳しがちですが、もっと健康な、「楽しむ」「楽しみを経験する」という感じです。enjoy reading（読書を楽しむ）ということは、春本を読むということではないし、enjoy life（人生〔生活〕を楽しむ）というのはキャバレーでけんかすることとは関係がありません。人と談笑の後で別れるときなどに、Thank you. I have enjoyed the conversation. とか、「夕涼みをしている」をI am enjoying the cool air. といいます。感情を抑制するのはいいが、美しい感情まで殺してしまいはしないか、と心配する人もあるかもしれません。しかし彼らの場合、危険はむしろその反対にあるのでしょう。

フェア・プレイの精神

スポーツはイギリスの青年の生活では大きな役割を果たしています。お父さんが大学時代に何もスポーツをやっていないというのは、子供にとって恥ずかしいことらしいのです。

fair play（公明正大）という言葉は、彼らのスポーツやゲームの習性から生まれたものです。インチキや規則違反で勝つのは、フェア・プレイではないのです。この本能は彼らの生活の全体にゆきわたっていて、行為の規準になっているのです。play cricket（クリケットをやる）とは何ごとでも「公明正大にやる」という意味です。

定期船に乗っている娘が、一人の乗客と婚約し、後から別の人にしつこく言い寄られるとします。そのとき彼女が、「おきのどくですが、あなたにキスするのはクリケットではありません」。I'm sorry, but it's not cricket for me to kiss you. といえば、相手はひきさがるのだそうです。「それはすもうではない」と言ったら、まったく別の意味にとられるでしょう。「それは野球ではない」「それはプロレスではない」では、いよいよわけがわからなくなります。

エチケットを守る精神も、フェア・プレイにつながるものです。エチケットを守らなくても法律上の犯罪にはなりませんが、人からいっそう不名誉な扱いを受けることになります。「なんじ姦淫《かんいん》するなかれ」というモーゼの十戒の第七条よりも、厳格に守られているのだそうです。たとえば、その一つ、「夜会服に黒のネクタイをつけるなかれ」。喪中ならいいと権威者に教わっていたので、黒ネクタイをつけたところ、航海中、ずっと村八分になったとネヴィンソンは自分の体験を語っています。こうなると、権威者もあてにならないことになりそうです。今日では、エチケットの拘束力はもっと弱まっているでしょうが、何百年前につけたwig（カツラ）を、まだ裁判官や弁護士がつけているといった伝統を重んじる気風と同様、なかなかなくなりますまい。

この点では、歴史の新しいアメリカ人の方が、ずっと自由で、のびのびしています。イギリス人がおしゃべりでないことも、これに関連があるでしょう。「汽車に乗り合わせても、イギリス人は口をきかない、しかし、網棚から荷物はおろしてくれる」と『虫の生活』などで有名な、チェッコの劇作家カレル・チャペックは言っています。この点、アメリカ人はずっと開放的で、気づまりを感じさせません。

わいろを拒絶する精神

わいろを拒絶するということは、日本人なら、本当かしらと思うでしょう。自国外駐在の官吏など、わいろを取って肥《こ》えふとろうとすればいくらでも機会があるのに、彼らを買収するのは、「尼さんをはずかしめようとするようなもので」、考えられないことだそうです。今日のソビエトでも人民委員などにわいろはきかないそうです。今、手もとのペンギン引用句辞典でしらべてみましたが、bribery（わいろ）という項目はありません。あるイギリスの批評家は、ある人がセネカ（ローマの政治家）に"I would have accepted it if I were you."（私があなただったらワイロを取ったろう）というと、セネカが同じ言葉で"I would have accepted it if I were you."と答えた、という話を、喜んで引用しています。敵のやいばで敵を刺したわけです。

こういう点から、honor（名誉）とか、honesty（正直）とかいうことが重んじられていることもなっとくがゆきます。

You tell a lie.（君はうそつきだ）と言われたら、人間的信用はゼロになったということです。

約束を守るという美徳も当然この中にはいりますね。I give my word it is.（ちかってそうです）とか、Upon my word.（ちかって）とかいう表現があるわけです。

けっきょく、道徳という線が一本つらぬいているということになりますね。

イギリス人のなかには根強く俗物根性がしみついている。
ボルネオの奥地でも正装をしている。

上流階級へのあこがれ

モームの『外地駐屯所《アウトステーション》』には、ボルネオの奥地へ左遷され、だれも人がいないのに、食事にはちゃんと正装をして、おくれてくるロンドン・タイムスを読む官吏が描かれています。このような上流の階級をあこがれ、上の者にへつらい、下の者にいばったり、紳士気取りのきざなことをやる俗物根性を、snobberyといいますが、イギリス人の中にはこういう根性がまだあるようです（日本だって、「池田君はだね」などといってみたりする名士病患者がおりますね)。これは、なかなか努力しても、上の階級に割りこむことがむずかしいところからきた劣等者意識でしょう。つまり、それだけ階級的区別が厳重であるわけで、上流の人たちは排他的であったわけです。

ですから、自分たちだけのエリート意識が、言葉のうえでは「ヘンなお上品さ」genteelism——gentlism ではありません——になっています。ヴィクトリア朝の上流の婦人たちに見られる上品ぶった言い方です。ハラ(belly)は下品だからオナカ(stomach)といい、servants のかわりに domestics といい、beer は出さずに ale を出すというような。leg などというみだらな言葉を使わないで、とりのアシを食べたいと思った貴族の夫人は、「とりの trotter(トコトコ歩くもの)をください」と言ったそうです。damned(畜生)といった下品な言葉は、小説にも使えないので d——d と書き、ディードと読ませてあります。同じ汗でも perspiration は男で、sweat はウマ、女性は glow だというわけです。女子学習院の生徒さんはスポーツの応援をするのに、「カチャマセー」(「お勝ちあそばせ」のつまったもの)というそうです。

演説で、「諸君!」と呼びかけるのに Ladies an gentlemen! といいます。ladies が先にくるのは「レディ・ファースト」からきたのかと思うと、どうもそうではなく、Lady は Lord に対する女性で、つまり貴族の夫人なのに、gentleman のほうは平民（の上の方ではあるが）のため、つまり階級的差別によるのだという説明がおこなわれています。もっとも、なぜ同じ階級の男女をもってこなかったのか、考えるとちょっとヘンですが。

アメリカ人の successism

歴史の若いアメリカには、イギリスのような階級的な区別はありませんでした。リンカーンは丸太小屋に住み、貧しい大工の子で、学校へは全体で一年ぐらいしか通わなかったのに、努力して成功し、大統領になりました。フランクリン（Franklin）だって小学校しか出ていないのに、苦学し、成功への道をぐんぐん進んだのです。アメリカの成功者は、貧しい家庭に生まれた人たちが多いのです。歴史が若かっただけに、毛なみなどは問題でなく、才能と努力で、金をもうけ成功するのでした。リンカーンの From log cabin to White House（丸太小屋から白堊館へ）がそのモットーでした。History is bunk.（歴史とはタワゴトだ）というヘンリー・フォードの言葉はそういう人たちの気持をはっきり示したものでしょう。勤勉で質素で、乏しきに耐える性質に、さかんな精力とはげしいファイトが加わり、豊かな資源と発明力とによって大きな繁栄を見るようになりました。Edison の発明は千三百にのぼるといいます。フランクリンが、格言をつけた暦《こよみ》を売り出し、これがひじょうに当たったことは有名ですが、Time is money.（時は金なり）、Early to bed and early to rise makes a man healthy, wealthy, and wise.（早寝早起は人を健康に、金持に、賢明にする）などは彼の作った格言なのです。きわめて実際的、功利的な考え方です。知識も行動の役に立たなければいけないといった pragmatic な考えがアメリカ人の考え方の大きなしんぼうになっているわけです。

生かして使おう、生きた英語

以上、生きている英語の表現を生み出したものをいろいろ考えてみたわけです。これらの表現は使ってみなければ、ただの知識に終わり、せっかくの生きた英語も死んでしまいます。生きた英語を生かして使いましょう。

ルール25　good-bye の中にも神がいる。
ルール26　英米人の考え方で考えること。
ルール27　生きた英語を、どしどし使うこと。

参考文献

この本を書くにあたっては、目うつりしたり、足をひっぱられたりしないため、事実やデータのためのほかは、なるたけ何も参考にしないようにしました。それでも、気になってつい読んでしまったものがありますし、前に読んでいて間接に恩恵をこうむっているものもあります。それらの中で、日本語で書かれていて、手にはいりやすく、みなさんの参考にもなりそうなものを、若干しるしておきます。

大きな考え方の点では、市河三喜博士『英語教育総説』(新英語教育講座・研究社)と『英語雑考』(愛育社)などさすがだと思います。それから、日本語と関連させて英語を考える上では、沢村寅二郎氏『日本語と英語の比較』(英米文学語学講座・研究社)が特異なものです。口語英語としては、原沢正喜氏『現代口語文法』(現代英文法講座・研究社)をはじめ、岡村弘氏『口語英語の研究』(研究社)、中谷博氏『標準口語体英語』(三省堂)などがあります。語源としては、小川芳男氏『ハンディ語源英和辞典』(有精堂)がおもしろく、総体的に米語を扱ったものとしては、竹中治郎氏『米語の輪廓』(研究社)、英語を扱ったものとしては、酒井善孝氏『英語の背景』(三省堂)、浜林生之助氏『英語の背景』(研究社)がよくまとまっています。松本亨氏『ことばの花かご』(英友社)、萩原文彦氏『ブロンディの英語』(研究社)、中西秀男氏『英語プロムナード』(文建書房)、奥平光氏『英語街の漫歩』(研究社)など、とりどりに興味深く、日本語に及ぼした英語の影響の研究には、竹村覚氏『日本英学発達史』(研究社)、楳垣実氏『国語に及ぼした英語の影響』(英語英文学講座・英語英文学講座刊行会)などが有益です。

10 外国へ行く法

(1) どんなチャンスがあるか

何よりも、目的をはっきりさせること

「外国へ行きたいのですが、どうしたらいいでしょう。どんなことでもします。」「アメリカへ招かれたし。ロックフェラーに紹介乞う。」などという手紙が、中学生から大人まで、毎日まいります。オリンピックがすんでも、すこしも減りません。人間、夢があるのはいいことです。隅田川《すみだがわ》の水がロンドンへ続いていると知って、よし、拙者《せっしゃ》も海の向こうへ渡ったヨシダトラジロー、すなわち松陰《しょういん》の血は、昭和にはいっても、太平洋をひとりぽっち、ヨットで渡った青年の血管を流れています。きみも、あなたも、Boys and girls, be ambitious! と、クラーク博士がいまいたら言うでしょう。

けれども、ただ夢だけでは、チャンスは向こうから来てくれません。見ず知らずの人に外国から招待が来るでしょうか。ロックフェラーの招待なら、私のほうがいただきます。

アメリカ熱が起こったら、いったい自分はなんのために行きたいのか、もう一度胸に手をあてて考えてみてください。ただばくぜんと、「私は外国に行きたい。」というのでは、「私は、これからどこへ行くのでしょうか。」というのと同じこと。勉強、視察などと目的をはっきりさせること。同じ勉強でも、語学とか、経営学とか、具体的になればなるほどいいでしょう。目的がはっきりすれば、方法も自然と見つかるものです。英語はぺらぺらだが、自分の国のこともよく知らない、国籍不明の人間が出ることを、私はもっとも恐れます。

1　観光旅行

昭和三十九年四月一日から、観光旅行も自由化され、学生が夏休みなどを利用して外国に行くことなども、ずいぶん浸透してきました。

ところで、出発準備としてさまざまの手続きがあるわけですが、気にする必要はありません。個人でも団体でも、日本交通公社などの旅行案内所、航空代理店などに頼めば、なんでもやってくれます。ただ、旅行するのはあなたなのですよ。ただし、観光旅行の場合、持ち出せる外貨は、一年一回五百ドルの制限があります。都会議長さんでも、観光の場合なら五百ドルでしょうねえ。

2 一般の留学

留学についての事務を取り扱っているのは、外務省の移住局旅券課です。ここに行くと、だれにでも「留学手続きについて」というパンフレットをくれます。その中で二、三、たいせつな点をピックアップしてみましょう。

まず、留学に必要な「お金」の出所によって、大きく三つに分けられます。

第一は、渡航費、学費、生活費のいっさいを、自分で負担する「私費留学」。これは、一年間で約二千五百ドルから三千ドル。日本円にして、約九十万円から百万円。日本では、国立大学だと約二十万円です。くらべてごらんなさい。

第二は、これらいっさいを、外国の篤志家《とくしか》が負担してくれる「オールギャランティ留学」。

第三は、渡航費だけ自己負担で、あとは、いっさい外国の篤志家が負担してくれる「パートギャランティ留学」です。

第一の私費留学でも、「金さえあればいい」というのではありません。まず、留学先にあなたを引きとってくれる人を見つけなければなりません。また、たいせつな外貨をむだ使いされないために、「その留学の目的が、わが国の文化経済科学等の向上に寄与する」かどうかが試験されます。

この試験を受けるには、「一応、高校卒か、またはそれ以上の資格ある者」ということになっています。ただ、芸術部門では、資格は問われません。芸術には、学歴はかならずしも必要ないというわけでしょうか。それなら、貧乏な日本の天才たち、Aさん、Bさん、Cさんｅｔｃは、アメリカへ行くほうがいいということになりますね。

第二の「オールギャランティ」では、あちらで全部もってくれるわけですから、そのようなうるさい規制はありません。そのかわり、「親日家のお金持」を見つけだすのがたいへんです。それで、あちらの新聞へ手紙を出す人がいるわけです。私のところへお寄こしになっても、おかど違いです。

第三の「パートギャランティ」は、審査のきびしさも、「私費」と「オール」の中間で、高校在学中の人でも応募できます。書類選考だけで、語学の試験はありませんと聞くと、安心するかたもいそうですね。

なお、その他の留学のチャンスもあります。たとえば、外国政府、外国の公共団体、外国大学などの招待、日本の各種団体の基金などがそれです。つぎにあげる二つが、その典型です。

▼アメリカン・フィールド・サービス（AFS）

ニューヨークに本部のある財団法人AFS（American Field Service）が提供するAFS奨学金という制度があります。（AFSは第二次大戦に戦場で傷病兵を病院へ運んだ慈善団体のことです）アメリカの学校と家庭の事情を知らせるためです。アメリカの篤志家の家庭から高校に一年間通学させてもらえるのです。ただし、おこづかいはこちら持ち。そりゃそうでしょう。住居と学費がただで、そのうえ、おこづかいまでもらっては、あまり好意にあまえすぎますからね。

「英語を聞くこと、読むこと、話すことにすぐれ、明朗で協調的で、志操堅固である」高校一、二年生であれば、だれでも受験できます。文部省の国際文化課で扱っています。

▼フルブライト留学制度

これは、アメリカの大学や研究所で学問研究をしたい人のための制度です。アメリカ国内の機関や個人がそのために必要ないっさいの費用を保証してくれなければなりません。つまり、スカラシップを得ていることが条件になります。これには二種類あって、目的地までの往復の旅費だけをくれるのと、往復の旅費、授業料、図書費、生活費など全部をくれるのとあります。

どちらも、大学院課程の学業をおさめるのに十分な英語の学力が要求されることはもちろんです。募集は、年一回、新聞、ラジオで発表になります。詳細は、東京芝田村町の在日合衆国教育委員会で教えてくれます。なお、このほかにも、英国文化振興会（British Council）が取り扱っているイギリス政府留学生の制度などがあります。

(2)　外国旅行十戒

1　出発（Before Taking off）

外遊の夢がいよいよ実現、となると、ふいちょうしたくなるのが人情です。しかし、「よかったね。日本の切手のシート持って行くといいよ。YENは二万までいいよ。」などと言ってくれる非《ノン》島国根性の友人ばかりとはかぎりません。

それから、気が大きくなって、むやみに約束したくなります。「ボルドー、いいとも。」「ウォルサム、OK。」「ガンん、まあ、いいでしょう。」あとでこまらないように願います。

それより、「海外旅行手帖」(JTBでくれます)を、心静かに、三度熟読なさい。

それから、毎日一時間FENをお聞きなさい。……A good beginning makes a good ending.

2 健康 (Keeping Fit)

健康の危機は三カ月目に来ます。芸能人の離婚と同じです。特に、中年以後の男性はご用心。もっとも、homesick とは to be sick of home (うちがいやになること) さ、という人はこの限りにあらず。アメリカの大学の保健コンサルタントから、分裂症と診断される日本人留学生の数は、びっくりするほど多いのです。

自分のいびきに気がつくようになったら、もう留学病も進んでいます。持って行く常備薬のなかに Sleeping drug もどうぞ。コマーシャルではありません。それよりも、すぐ周囲にとけこむこと。そうして皆と笑うこと。……Laugh and grow fat.

3　経済 (Spending Money)

あなたが、アムステルダムのホテルへ着くと、電話がかかってきます。「日本の佐藤社長（または先生）様」（こういわれると、がぜん日本代表のような気がしてくるから妙です）「ダイヤはもうお求めになりまして。」（まだはもうなり、なんて株屋の解釈でも思い出したら、もうだめです）そして「河野様もお求めになりました。」といちばんあなたの弱いライバル意識をついてきます。

受けて立っていたら、せっかくホテルをチェックアウト一分まえに出、barber で「刈るだけ」にしてセイブした外貨も、ごそっ、ごそっと減っていきます。……A penny wise, a pound foolish.

4　習慣 (Keeping Customs)

tip など、わずらわしいようですが、あちらの習慣とあってみれば、「海外旅行手帖」どおりにするほうがよろしいし、回教徒の国で porkcutlet など注文するのは、やめたほうが身のためです。

もっとも、あまり習慣を気にしすぎ、必要以上に卑屈になるのはどんなものでしょう。習慣は動くものと心得、tension《テンション》（緊張）民族、もう少しat home（気をらく）に、Julietとデートするくらいの余裕をもちましょう。……Do in Rome as Romeos do.

5　教養（Know Thyself）

彼らは日本のことをいろいろ知りたがります。あなたが、彼らのことを知りたいように。"Tell me about Kenzan."（ケンザンのこと話してください）"I've never climbed it."（まだ登ったことがないんで）では、国民外交失敗です。（乾山は、桃山時代の陶工です。北アルプスの山ではありません）

あるパーティで、各駅停車のlocal trainのようなbroken Englishでしたが、着ている訪問着の模様や、鳥だの山だのの漢字の説明（彼らは表意文字をとてもおもしろがります）に、旦那《だんな》さんの外交官より人気を得た夫人がいます。……A little knowledge is a precious thing.

6　仕事（Doing Business）

西洋将棋《チェス》の手ほどきをしてあげたある商社マンに、「おかげでソビエトからオーダーがとれました。」と感激されたことがあります。ネコにカツブシ、ネゴにチェスですかね。（ネゴ negotiation 商談）もっともこれは、ソビエトが、チェスを奨励し、ワールド・チャンピオンシップの連続優勝者を出している国であることも、もちろん、計算に入れてのことでしょう。「皇太子夫妻がインドを訪問されたとき、妃殿下が、お目にかかりに来る在印の日本人たちの、職業や、家族関係など、じつによく知っておられて、感激でした。」とは案内役の中山俊次《なかやましゅんじ》社長の実話です。……Know everything of something.

7 法律 (Law is Law)

飛行機に持ちこめる酒は三本、葉巻は五十本、シガレット二百本などという、初歩の知識もないため、わんさと買いこんだジョニクロのしまつにこまっている人を、空港でよく見うけます。

南海ホークスの村上選手の問題にしても、ハワイの料理屋に働く戦争花嫁の女中さんにしても、皆、法律に対する無知から起こったものです。

アメリカなどは州によっても、法律は必ずしも同じではないのです。むかしなら、一番簡単に結婚できるのはスコットランドのカジヤ、Gretna Green. 一番簡単に離婚できるのはラスベガスくらいのことは、常識です。……Ignorance is curse.

8 レジャー (Making Merry)

「ほしいものを手に入れることは一つのこと。手に入れたものを楽しむのはべつのこと。あとのほうができるのが賢人じゃ。」と、ものの本にあります。あなたはどちらですか。

せっかく、試験を通ったり、マネービルをしたりして、待望の外遊がかなったのです。勉強に観光に、十分賢人ぶりを発揮しなければつまりません。

ああ、それなのに、おいしいお菜《かず》はあと回し、という癖が抜けないばっかりに、ナポリを見ないうちに、自動車事故、ということになったらどうします。つまらないじゃありませんか。……Make merry now, for tomorrow you die.

9 安全 (Security)

「あなたは美人ですね。」と、ほめられない女相続人はないように、眼鏡をかけて、八ミリとトランジスタラジオをぶらさげ、チップをはずむ（もったいない、五十パーセントも！）高度成長の国の紳士、あなたは狙《ねら》われています。

ローマで、「どなたか、日本のかたを会員にご推薦申し上げたく。」と言われて、名刺を出しかけたとたん、ぱっとドル入れを hit and run された人が、もと代議士はじめ何人もいます。

ニューヨークで、欲望の独自性を尊重しすぎ、恐ろしい所にはいったまま帰って来ない商社マンが、年平均十名はいるそうです。

ブリヂストンタイヤの社長さんが、「石橋をたたいて、渡るな。」と訓示をされたのは、ここです。……Look before you book.

10　帰国（When back at home）

あまりあちら風を吹かさないこと。B・G（オフィスにお勤めのお嬢さんではありません）しか知らないくせに、アメリカの女性を論じたりする学識経験者（？）がおります。へんな女ことばを使ったりして、すぐ尻がわれてしまいます。

たかが一年アメリカにいたぐらいで、自慢するのはよしましょう。宇宙遊泳が可能になった今日、Miami Beach で泳いだぐらい、自慢にもなりますまい。かえって、外遊などしないがんこ爺《じい》さんのほうが、希少価値が出てきますよ。外遊の経験は、口にあらわさずに、仕事や勉強にあらわしましょう。……Don't return with brag and baggage.

解説

晴山陽一

「何しろ話の面白い先生なんだ！」

父がそう言うのを何度も聞いたことがある。父は、旧制東京商科大学（現一橋大学）で岩田一男先生の薫陶を受け、のちに英語教師となった。

その岩田教授を一夜にして日本一著名な英語教師にしたのが、この『英語に強くなる本』（光文社カッパ・ブックス刊）だった。東京オリンピックを三年後に控えた一九六一年に刊行されるや、たった三カ月で一〇〇万部を売りつくしたモンスター的な英語本である。

この解説では、『英語に強くなる本』が爆発的に売れた理由を私なりに分析したいと思う。それと同時に、なにしろ古い本なので、どういうことに注意して読むべきか、という点にも最後に触れることにしたい。

この本は非常にリーダーフレンドリーに書かれており、各章の最後に英語学習のルールが箇条書きで示されている。それらを総計すると27個にもなり、本書がいかに情報豊かでサービス精神にあふれていたかがわかる。とりあえず、27個のルールのうち、今日でも傾聴すべき10項を選び列記してみたい。（ ）内の数字は章を表す。ルールの文面は、原書のままである。

1. 英語で考えるようになるのが理想的。（1）
2. やさしい表現をくりかえし練習し、使ってみること。（1）
3. 日本語を媒介にして考えるにしても、考えを整理し、直訳は避けること。（1）
4. アクセントは正しく、強く。（2）
5. お経のように平板でなく、強勢、抑揚をつけて。（2）
6. 基本語、とくにdo, have, get, go, come……などの動詞をフルに活用させること。（4）
7. 前置詞と補語を制するものは英語を制する。この二つを新しい角度から見直すこと。（5）

8. 聞き取ることの練習は、日本にいて一人でもできる。（7）
9. 直読直訳から速読速解へ。（8）
10. センス・グループずつつかんで進み、決して後がえりをしないこと。（8）

ルール3では、日本語を英語に訳すとき、直訳するのではなく、英語にしやすい日本語（中間訳）を経て英訳することを勧めている。この方法論に従った書物は、最近でも数多く出されており、岩田教授の先見性に驚かされる。

ルール8の「リスニングの練習は日本でもできる」の項。今でこそ英語本に音声を付けるのは当たり前になっているが、せいぜいソノシートを付けるのがやっとだったあの時代に、このように喝破《かっぱ》している。さすがカッパ・ブックスとしゃれも言いたくもなる。

ルール9の「直読直訳から速読速解へ」。多読や速読が喧伝《けんでん》されるようになったのがここ一〇年ほどであることを考えると、いかに岩田教授が時代を先取りしていたかがわかる。

最後のルール10。「返り読み」を戒《いまし》め、英文を頭から読み理解する方法を体系化したのは伊藤和夫氏の名著『英文解釈教室』（一九七七年、研究社出版刊）だったが、それに先立つ一六年も前に、こともなげに「決して後がえりをしないこと」と言ってのける岩田教授の見識の高さは、まさに驚嘆に値する。

これらの、時代を先駆するアイデアの豊富さを思うとき、『英語に強くなる本』が、オリンピックを控えて英語ブームに便乗するような安易な書物ではなかったことがわかる。それどころか、それ以後の日本の英語教育のあり方や、英語学習本の進んでいく道筋を鮮やかに、しかも網羅的に示した万華鏡のような書籍であったことが理解できるのである。

本稿の最後に、本書を読むにあたっての若干の注意点を述べさせていただく。なにしろ半世紀も前の著作なので、扱われている事例や表現方法に、現代とマッチしない部分を含むことは仕方ないと思う。

しかし、英語学習本である以上、現代では使われない古い表現が含まれていることだけは、読者もお含みいただきたいと思う。その好例は、冒頭に出てくる、Someone in. だろう。トイレに入っている人が外からのノックに対して応答する表現として紹介されているが、I'm in here. くらいのほうが自然である。

このように、一部現代にそぐわない表現も含まれているが、半世紀前にここまで先見性があり、先駆性のある書籍が大衆書として刊行されていた事実は十分注目に値すると思う。

今でも本書を読む価値があるのかないのか、私は次のような方法で確認することにした。私の友人で、中学生のときにアメリカに留学し、高校、大学を経て、アトランタで仕事に就いたバイリンガルの青年に本書を精読してもらい、感想を書いてもらったのだ。以下は彼のレポートからの抜粋である。

――とても読みやすいし、不自然な英語もあまり見当たりません。例文は今でも日常会話で使うものばかりで、シンプルな英語を使っているのがとてもよいと感じました。

まず最初に「英語で考えるようになるのが理想的」と書かれていますが、これは英語を勉強する人にとっていちばん大事なことではないでしょうか。僕自身、アメリカで必死に勉強していた時は、常に英語で考えるクセをつけようとしていました。いまだに考える時は英語だったり、夢も英語で見ます。

「やさしい英語を使う」というのも「ズバリ！」だと思います。日常会話、ビジネスにおいても、be, have, do, go などの基本動詞はとてもよく使います。例文もいい英文が並んでいると思います。（中略）

全体的には、共感する部分が多く「え～？」という内容はなかったです。一四歳から英語を本格的に勉強するようになった僕からすれば、知識が整理できてすごくいい本だと思いました。――

岩田教授は、そのアイデアの斬新さと、決して抽象論に走らず、誰でも理解できる実例を豊富に示して学習者を導くサービス精神の二面で、私の執筆上の師とも言うべき存在である。このたび、父の恩師である岩田教授の再評価のために、微力を傾けてこの解説文を書かせていただく機会が与えられたことに深く感謝している。

（はれやま・よういち　作家、実践英語振興協会理事長）